Cordula Hupfer

Mit Heine durch Düsseldorf

HIER WURDE HEINRICH HEINE
AM 13. DEZEMBER 1797 GEBOREN

Droste Verlag

Die Heinrich-Heine-Allee trägt seit 1963 ihren Namen

Inhaltsverzeichnis

Vorwort

Mit Heinrich Heine persönlich durch Düsseldorf – das wäre eine phänomenale Sache! Jede Wette, dass diese Führungen auf Jahrzehnte, ach was, Jahrhunderte ausgebucht wären. Unbedingt möchte man bei dieser Gelegenheit Zeuge all jener pointierten Formulierungen, tiefsinnigen Reflexionen, witzigen Aperçus und eleganten Frech- und Bosheiten sein, für die Heine berühmt, bisweilen auch berüchtigt ist. Allein – wir sind zu spät dran: Der Erfinder des literarischen Schießpulvers, den die Preußen zensierten, verboten und verfolgten, wurde 1856 im Pariser Exil auf dem Montmartre-Friedhof begraben. Ein Poet war er, aber auch ein engagierter Anhänger der Menschenrechte und überhaupt ein Sohn der französischen Revolution von 1789.

Mit Heinrich Heine durch Düsseldorf – das *ist* eine phänomenale Sache. Im Dezember 1797 wurde er als Kind jüdischer Eltern in der Altstadt geboren. Hier verbrachte er seine ersten 18 Lebensjahre, erlebte kurfürstliche, französische und preußische Herrschaft und hielt seine liebsten Plätze und spektakulärsten Erlebnisse, die ersten Prügel und die ersten Küsse in seinem Werk fest, nachzulesen im Reisebild *Ideen. Das Buch Le Grand* und in den späten *Memoiren*.

Mit Heine ist auch Düsseldorf in literarischer Hinsicht weltberühmt geworden und hat allen Grund, stolz darauf zu sein. Seit dies in Düsseldorf tatsächlich der Fall ist – wo man ihm erst 1981 ein Denkmal setzte und erst 1988 die Universität nach ihm benannte –, gibt es in der Stadt noch mehr mit Heine-Bezug zu sehen. Doch braucht man heutzutage Fantasie auf des Dichters Spuren, denn authentische Bauwerke seiner Zeit sind rar. Was uns blieb und wie Heine es literarisiert hat, was daraus in der Nach-Heine-Zeit wurde, was hinzukam und was es im Umfeld noch zu entdecken gibt, ist Gegenstand dieses kleinen Buches. Es hat zwei zentrale Quellen: die umfassenden Forschungen von Joseph A. Kruse über Heine und Düsseldorf und das Büchlein *Heine in seiner Vaterstadt Düsseldorf* von Gerhart Söhn aus dem Jahr 1966, als noch nichts vom Alle-lieben-Heine-Tenor der Gegenwart zu vernehmen war.

Mit Heine im Sinn durch Düsseldorf – das wird Lust machen auf mehr. Unbedingt sollte, wer diese verspürt, den Dichter über bedeutsame Orte, griffige Zitate und dekoratives Beiwerk hinaus dort suchen, wo er nach wie vor zuverlässig anzutreffen ist: in seinem Werk, in dem sich immer noch vieles liest, als wäre es heute geschrieben.

Bolkerstraße

Ein Haus, das einmal sehr merkwürdig sein wird.
Eine Mutter mit ehrgeizigen Plänen und
ein Vater, der mit dem Herzen denkt.
Scharfrichterstöchter küssen besser oder
Zwei Außenseiter gegen die alte Gesellschaft.
Heines Haus heute: Soll man Dichter ehren oder
lieber hochleben lassen?

Bolkerstraße um 1910: Anbau (Hinterhaus) des Hauses Nr. 53, in dem Heine geboren wurde

Das Leben hätte Heinrich Heine keine passendere Adresse bescheren können: Im Herzen der Altstadt, auf der quirligen Verbindungslinie zwischen Marktplatz und Hofgarten, wurde Harry Heine, der sich erst bei seiner Taufe 1825 den Vornamen Heinrich zulegte, im Hinterhaus des Gebäudes Bolkerstraße 53 geboren. Die Plakette an diesem berühmten Haus, welche besagt „Hier wurde Heinrich Heine am 13. Dezember 1797 geboren", gilt freilich nur eingeschränkt. Das Haus ist nicht mehr im Original vorhanden, weshalb dort auch kein Dichterstübchen mit zeitgenössischem Mobiliar besucht werden kann. Gottlob, möchte man sagen, denn zu Heinrich Heine, dessen Texte den Leser bis heute mit Witz, Scharfsinn und, nicht zuletzt, mit Modernität verblüffen, würde diese museale Stubigkeit auch ganz und gar nicht passen. In das Leben der Familie Heine, wie es sich zwischen den vier bescheidenen, originalen Wänden auf der Bolkerstraße gestaltete, gewährt der Dichter in seinen frühen Memoiren *Ideen. Das Buch Le Grand* Einblicke, wenn auch stilisierte. Sie setzen seine Kindheit in ein ausgesprochen malerisches Licht und schmeicheln dem Geburtsort:

Das Geburtshaus in seiner heutigen Gestalt
mit der Literaturhandlung Müller & Böhm

Die Stadt Düsseldorf ist sehr schön,
und wenn man in der Ferne an sie denkt
und zufällig dort geboren ist,
wird einem wunderlich zumute.
Ich bin dort geboren, und es ist mir,
als müßte ich gleich nach Hause gehn.
Und wenn ich sage, nach Hause gehn,
so meine ich die Bolkerstraße und das Haus,
worin ich geboren bin.
Dieses Haus wird einst sehr merkwürdig sein,
und der alten Frau, die es besitzt, habe ich
sagen lassen, daß sie beileibe das Haus
nicht verkaufen solle.
Für das ganze Haus bekäme sie jetzt doch
kaum soviel, wie schon allein das Trinkgeld
betragen wird, das einst die grünverschleierten,
vornehmen Engländerinnen dem
Dienstmädchen geben, wenn es ihnen
die Stube zeigt, worin ich das Licht der Welt
erblickt, und den Hühnerwinkel,
worin mich Vater gewöhnlich einsperrte,
wenn ich Trauben genascht, und auch die
braune Türe, worauf Mutter mich die Buchstaben
mit Kreide schreiben lehrte – ach Gott!
Madame, wenn ich ein berühmter Schriftsteller werde,
so hat das meiner armen Mutter genug Mühe gekostet.

Heinrich Heines Mutter Betty, geborene van Geldern

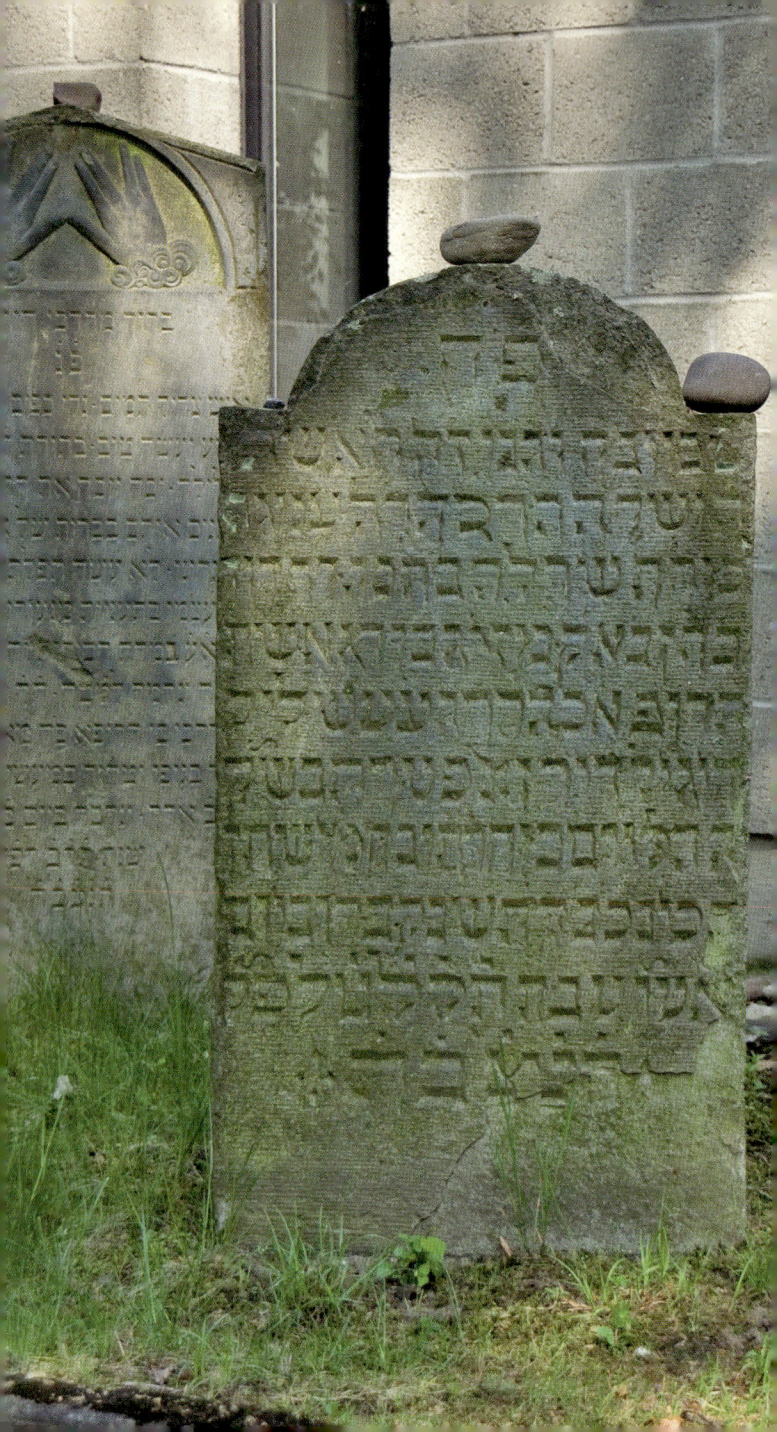

Die „arme Mutter" Betty Heine, geborene van Geldern, entstammte wie ihr Mann Samson Heine einer bedeutenden jüdischen Familie. Schon lange waren die van Gelderns in Düsseldorf ansässig und genossen dort hohes Ansehen. Der Großvater und einer seiner Söhne praktizierten als Ärzte, der Ururgroßvater Joseph Jakob van Geldern arbeitete als Hoffaktor, also als selbstständiger Kaufmann, am Hofe des Kurfürsten Johann Wilhelm, stand bei diesem in besonderer Gunst und durfte 1712 an der heutigen Neusser Straße die erste Synagoge bauen. Betty hat von den akademischen Weihen der männlichen Familienmitglieder zumindest mittelbar profitiert und ist als gebildete, aufgeklärte, tatkräftige Frau von liebevoller Strenge in die Geschichte eingegangen. Ihre Kinder – Harry, Charlotte, Gustav und Maximilian – kamen alle im Haus Bolkerstraße 53 zur Welt, das einer Verwandten mütterlicherseits gehörte. Eine Spur der Familie van Geldern führt heute auf den jüdischen Teil des Nordfriedhofs, wo der Grabstein von Harrys Großmutter Sara erhalten geblieben ist, der 1884 bei Kanalisationsarbeiten an der Kasernenstraße entdeckt worden war. Jetzt steht er direkt neben der Friedhofskapelle, kann aber seiner hebräischen Inschrift wegen nur von sprachlich oder optisch Eingeweihten identifiziert werden.

Für den Erstgeborenen, der zeitlebens sehr an ihr hing, entwickelte die ehrgeizige Betty schon früh vielfältige, je nach politischer Großwetterlage variierende Karrierepläne. Lediglich eine Profession trachtete sie von vornherein energisch auszuschließen:

Der Grabstein von Heines Großmutter Sara
auf dem Nordfriedhof

*Sie hatte, wie ich schon erwähnt,
eine Angst vor Poesie, entriß mir jeden Roman,
den sie in meinen Händen fand,
erlaubte mir keinen Besuch des Schauspiels,
versagte mir alle Teilnahme an Volksspielen,
überwachte meinen Umgang, schalt die Mägde,
welche in meiner Gegenwart Gespenstergeschichten
erzählten, kurz, sie tat alles Mögliche,
um Aberglauben und Poesie von mir zu entfernen. (...)
Sie hatte nämlich damals die größte Angst,
daß ich ein Dichter werden möchte;
das wäre das Schlimmste, sagte sie immer,
was mir passieren könne. Die Begriffe,
die man damals mit dem Namen Dichter verknüpfte,
waren nämlich nicht sehr ehrenhaft,
und ein Poet war ein zerlumpter, armer Teufel,
der für ein paar Taler ein Gelegenheitsgedicht verfertigt
und am Ende im Hospital stirbt.*

Samson Heine, der sich, aus Norddeutschland stammend, in Düsseldorf „aus Liebe für meine Mutter als Kaufmann etablierte", war mit seinem Tuchhandel zunächst im Vorderhaus Bolkerstraße 53 erfolgreich, sodass die Familie bald auf die gegenüberliegende Straßenseite in das repräsentativere, dreistöckige Geschäftshaus Bolkerstraße 42 umzog. Auch dieses Haus ist nicht mehr in originaler Gestaltung vorhanden, doch hat sich auf dem Nachbargrundstück Nr. 44 die seit Mitte des 19. Jahrhunderts ausschenkende Gaststätte *Im Goldenen Kessel* gehalten, zu Heines Zeit noch Sitz einer Privatschule. Einkehrende finden hier eine kleine Heine-Gedenkstätte mit einer Büste aus dem Jahr 1913, die der Gaststätten-Besitzer vor dem Zugriff der Nazis bewahren konnte. Es war eine der ersten, privaten Initiativen zum Andenken an Heine, der kurioserweise gerade in seiner Heimatstadt Düsseldorf erst peinlich spät zu offiziellen Ehren gekommen ist.

Heine-Gedenkstätte im Goldenen Kessel

Ansicht der Stadt Düsseldorf um 1830

Das zentrale Pflaster Harry Heines, die Bolkerstraße, war schon im Mittelalter eine bedeutende Geschäftsstraße, florierte als Einkaufs- und Flaniermeile und war gewissermaßen die Vorgängerin der Königsallee. Heute geben hier Kneipen, Pubs und Restaurants, schnelle und langsamere, den Ton an, und die traditionsreiche Straße ist als Bühne für Trink-, wenn nicht gar Saufgelage in Verruf geraten, vor allem nächtens und an Wochenenden. Die darin sich gelegentlich wohl auch manifestierende Lebensfreude korrespondiert allerdings durchaus mit dem lebenslustigen, seelenvollen und vielfältig in die Düsseldorfer Bürgerschaft eingebundenen Samson Heine. Sein Sohn hat ihn später mit großer Zuneigung skizziert, wie überhaupt die differenzierten Charaktere beider Elternteile ergiebige Quellen für den Dichter Heine waren.

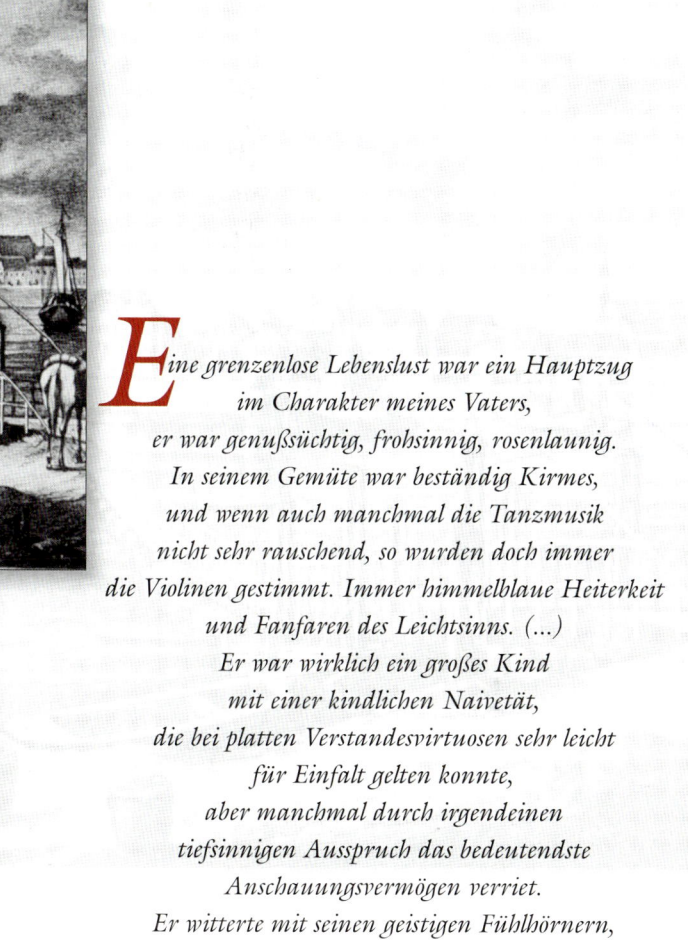

*Eine grenzenlose Lebenslust war ein Hauptzug
im Charakter meines Vaters,
er war genußsüchtig, frohsinnig, rosenlaunig.
In seinem Gemüte war beständig Kirmes,
und wenn auch manchmal die Tanzmusik
nicht sehr rauschend, so wurden doch immer
die Violinen gestimmt. Immer himmelblaue Heiterkeit
und Fanfaren des Leichtsinns. (...)
Er war wirklich ein großes Kind
mit einer kindlichen Naivetät,
die bei platten Verstandesvirtuosen sehr leicht
für Einfalt gelten konnte,
aber manchmal durch irgendeinen
tiefsinnigen Ausspruch das bedeutendste
Anschauungsvermögen verriet.
Er witterte mit seinen geistigen Fühlhörnern,
was die Klugen erst langsam durch die Reflexion begriffen.
Er dachte weniger mit dem Kopfe als mit dem Herzen
und hatte das liebenswürdigste Herz,
das man sich denken kann.*

Bolkerstraße um 1920, Nr. 53, Vorderhaus des Geburtshauses mit Bäckerei Weidenhaupt

Das familiäre Klima war offenbar liebevoll und geistig anregend, was in dieser Zeit gewiss nicht selbstverständlich war. Heines Bruder Maximilian, der als Arzt und Schriftsteller in St. Petersburg lebte, äußerte sich einmal in einem Brief über die „freie, liberale" elterliche Erziehung, die dazu geführt habe, dass er sich „in den Balkanen so frei, ja selbst so bequem und comfortable fühlte, als hinter dem Ofen auf der Bolkerstraße".

Heines gehörten im damals gerade einmal 16.000 Einwohner zählenden Düsseldorf zur rund 300 Personen umfassenden jüdischen Minderheit, führten jedoch keinen orthodoxen Haushalt. Die Familie hatte in der liberalen, ghettofreien Hauptstadt des Herzogtums Berg einen guten Namen und lebte Tür an Tür mit den christlichen Mitbürgern. Harry sammelte erst später, während seiner Kaufmannslehre in Frankfurt, Erfahrungen mit dem Leben im jüdischen Ghetto — und wusste seine relative Freiheit in den Düsseldorfer Jahren wohl umso mehr zu schätzen.

Die Stadt war für ihn Schauplatz einer größtenteils unbeschwerten, gelegentlich aber doch durch Hänseleien getrübten Kindheit und Jugend. So verknüpften spottlustige Kinderzungen Heines Vornamen mit dem „Haarüh" des sogenannten Dreckmichels, jenes Mannes, der mit seinem Eselskarren den Kehricht fortschafft; Ärger war programmiert. Aber auch Harry, dessen Vorname auf einen englischen Geschäftsfreund seines Vaters zurückgeht, verfuhr nicht immer nett mit den Lebewesen in seinem Umfeld, wie das Schicksal seiner Katze beweist:

Eigentlich, liebster Lewald, weiß ich nicht,
ob es naturhistorisch richtig ist,
daß die Katzen immer auf die vier Pfoten fallen
und sich daher nie beschädigen,
wie ich als kleiner Junge einst gehört hatte.
Ich wollte damals gleich das Experiment anstellen,
stieg mit unserer Katze aufs Dach und warf sie
von dieser Höhe in die Straße hinab.
Zufällig aber ritt eben ein Kosak an unserem Hause vorbei,
die arme Katze fiel just auf die Spitze seiner Lanze,
und er ritt lustig mit dem gespießten Tiere von dannen. –
Wenn es nun wirklich wahr ist,
daß Katzen immer unbeschädigt auf die Beine fallen,
so müssen sie sich doch in solchem Falle
vor den Lanzen der Kosaken in acht nehmen.

Er konnte jedoch auch anders, wie seine frühen Düsseldorfer Schwärmereien beweisen. Eine davon galt Elvira, der Tochter des Oberappellationsgerichtspräsidenten, für die er mit 15 glühte. Dieses zarte Gefühlsgespinst blieb jedoch einseitig. Anders erging es ihm im gereifteren Alter von 16 Jahren mit seiner ersten großen Liebe Josefa, genannt „rotes Sefchen". Josefa Edel, wie das rothaarige Mädchen wohl mit bürgerlichem Namen hieß, war die Tochter eines Scharfrichters und wohnte wahrscheinlich in der Bilker Hundsburg am heutigen Volksgarten. Die Burg wurde 1943 zerstört, woran heute eine Gedenktafel mit einem Stein aus dem alten Gemäuer erinnert (Verlängerung Redinghovenstraße). Als ob die Arbeit des Vaters nicht schon exotisch

Das einzige Relikt der Hundsburg

genug wäre, soll Sefchens Tante, die mit Heines Kinderfrau, der alten Zippel, bekannt war, auch noch Zaubersäfte verkauft und ein Bordell betrieben haben. Es handelte sich aus konventionellem Blickwinkel also nicht um die beste Gesellschaft, in der Heine sich mit seiner Zuneigung bewegte. Doch kommt Josefa auch für die Erweckung des Dichters eine bedeutende Rolle zu.

*S*ie *wußte viele alte Volkslieder*
und hat vielleicht bei mir den Sinn
für diese Gattung geweckt, wie sie gewiß
den größten Einfluß auf den erwachenden Poeten übte,
so daß meine ersten Gedichte der Traumbilder,
die ich bald darauf schrieb, ein düstres und grausames
Kolorit haben, wie das Verhältnis,
das damals seine blutrünstigen Schatten
in mein junges Leben und Denken warf.

Unabhängig davon, welche Anteile hier Dichtung und Wahrheit haben, ist es doch eine schöne Geschichte über die sinnliche Initialzündung zum romantischen Dichtertum Heines, das sich aus seiner Vorliebe für gruselige Geschichten, für Volksstoffe und die dazugehörigen Lieder speiste. Die Freundschaft mit Josefa hatte in dieser Hinsicht gewiss einiges zu bieten. Heine wäre allerdings nicht Heine, wenn diese schaurig schöne Geschichte nicht auch einen aufklärerisch-rebellischen Aspekt besäße, denn hier geht es schließlich um die Romanze zwischen einem Juden und einer Scharfrichterstochter, die beide nicht nur gefühlte Außenseiter waren. Sefchen zeigt dem 16-Jährigen das Scharfrichterschwert des Vaters und fragt kokett, ob er es küssen wolle. Zumindest in ihrer literarisierten Fassung wendet die Antwort das Private postwendend ins Politische, eine ausgesprochen Heine-typische Verbindung:

Heine-Büste im Heine Haus

*Ich will nicht küssen das blanke Schwert –
ich will das rote Sefchen küssen! (...)
Ich küßte sie nicht bloß aus zärtlicher Neigung,
sondern auch aus Hohn gegen die alte Gesellschaft
und alle ihre dunklen Vorurteile,
und in diesem Augenblicke loderten in mir auf
die ersten Flammen jener zwei Passionen,
welchen mein späteres Leben gewidmet blieb:
die Liebe für schöne Frauen
und die Liebe für die französische Revolution (...).*

Düsseldorf kann sich geehrt fühlen, dass die Weichen für dieses wahrhaft flammende Bekenntnis wohl in der Bolkerstraße gestellt wurden. Legionen von Besuchern wurden schon über dieses Pflaster geführt, auf dem die Heinrich-Heine-Gesellschaft, gegründet zum 100. Todestag Heines am 17. Februar 1956, eine Zeit lang den Dichter-Geburtstag am 13. Dezember unter freiem Himmel feierte. Vor dem Haus Nr. 53 wurden dann Heines Texte gelesen, das „rote Sefchen" trat ebenso auf wie der zur Franzosenzeit bei Heines einquartierte Trommler Le Grand, um das Publikum mit den literarischen Figuren Heines vertraut zu machen, und natürlich wurden auch Heines geliebte Apfeltörtchen (siehe Kapitel Marktplatz) gereicht. Es ging bodenständig-literarisch zu in dieser Zeit, als Heine mitnichten everybodys darling war und seine griffigsten Zitate noch nicht auf allen städtischen Fahnen wehten.

Apfeltörtchen waren damals übrigens tatsächlich seine Passion, und so erscheint es nicht unpassend, dass in der Nach-Heine-Zeit im Haus Nr. 53 mehrere Jahre eine Bäckerei duftendes Backwerk verkaufte. Danach entriet es, immerhin ja an der sprichwörtlichen längsten Theke der Welt gelegen, zu *Heines Bierakademie.* Deutlich mehr mit dem Autor hatte der ebenfalls gastronomische Nachfolger zu schaffen, das Literaturcafé *Schnabelewopski,* benannt nach dem Fragment gebliebenen Heine'schen Schelmenroman *Aus den Memoiren des Herren von Schnabelewopski.* Für manchen war der Name schwer auszusprechen und noch schwerer zu behalten. Dennoch vermochte dieses verwinkelte Café-Kneipen-Bistro, kurz *Schnabel* genannt, sich zu jenem gemütlich-geselligen Treffpunkt für Junge und Alte, Stamm- und Laufpublikum, für Maler, Autoren und Journalisten zu entwickeln, der in Düsseldorf lange gefehlt hatte. Man wusste nun endlich wohin, wenn man bei Heine einkehren wollte. Hier gab es Frühstückslesungen und literarische Nachtwachen mit jungen und älteren Autoren und auch eine Jan-Wellem-Bratwurst nach barockem Rezept mit fein abgeschmeckter Düsseldorfer Senfsauce. Dies alles nicht, um Heine „richtig" zu ehren, sondern um ihn „literarisch hochleben zu lassen", wie es hieß.

Dann bedurfte das in die Jahre gekommene Haus, welches die Stadt 1990 erworben hatte, einer Renovierung und es wurde das *Heine Haus* daraus. Das *Schnabel* war passé, eine feine Buchhandlung zog ein und das Literaturbüro NRW, das lange Zeit im ersten Stock wohnte, zog aus. Im nach hinten gelegenen glasbedachten Saal des Hauses, der nur durch die Buchhandlung zu erreichen ist, lesen jetzt Nooteboom, Grünbein, Bichsel, Widmer, Wolffsohn und andere. Wer hier einkehrt, findet immerhin noch eine bronzene Heine-Büste auf 80 Ziegelsteinen, die vom Original-Hinterhaus Bolkerstraße 53 übrig geblieben sind.

Heine Haus
Bolkerstraße 53 • Tel. (02 11) 3 11 25 22
www.heinehaus.de

Im Goldenen Kessel
Bolkerstraße 44 • Tel. (02 11) 32 60 07
www.schumacher-alt.de

An den Rhein

Heimweh macht poetisch.

Erste Lieder, erste Erfolge.

Romantisch, aber nicht naiv.

Vater Rhein und die deutschen Nationalisten.

Gegen Ideologien, für höhere Werte.

Ansicht von Düsseldorf um 1860: Blick auf das Rheinufer am Kohlentor.
Links das alte Theresien-Hospital, im Hintergrund das Douven'sche Haus
Altestadt 1, in der Mitte die Gaststätte Zum Drachenfels (Krämerstraße)

Lorelay von H. Heine.
———

Ich weiß nicht was soll es bedeuten
Daß ich so traurig bin;
Ein Mährchen aus alten Zeiten,
Das kommt mir nicht aus dem

Die Luft ist kühl und es dunkelt
Und ruhig fließt der Rhein;
Der Gipfel des Berges funkelt
Im Abendsonnenschein.

Die schönste Jungfrau sitzet
Dort oben wunderbar;
Ihr goldnes Geschmeide blitzet,
Sie kämmt ihr goldenes Haar.

Sie kämmt es mit goldenem
Und singt ein Lied dabey;
Das hat eine wundersame
Gewaltige Melodey.

Den Schiffer im kleinen Schiffe
Ergreift es mit wildem Weh;
Er schaut nicht die Felsenriffe,
Er schaut nur hinauf in die Höh

Im französischen Exil blickt Heine immer wieder auf seine „Kindheit am Rhein" zurück, was man getrost Heimweh nennen kann. Von der Bolkerstraße war es für den jungen Flaneur bloß ein Katzensprung bis zu dem berühmten, mythenumflorten Fluss, der ihn ebenso inspirierte wie einst den Romantiker Clemens Brentano. Dieser fasste 1801 als erster Dichter den Loreley-Stoff in Verse. 1802 kam Brentano nach Düsseldorf und wohnte dort ein Jahr am Rande des Carlsplatzes.

Zu Weltruhm gelangte die Geschichte von der Nixe mit dem Blondhaar, die auf ihrem Rheinfelsen bei St. Goarshausen viel Unheil angerichtet haben soll, allerdings erst einige Jahre später, und zwar durch Heines Feder. Sein sechsstrophiges, balladeskes Loreley-Gedicht, vermutlich 1823 entstanden und zu seinen Lebzeiten ohne Titel gedruckt, wurde vielfach vertont und im 19. Jahrhundert als sentimental gedeutetes Volkslied gefeiert und gesungen. Kaum einer, der nicht die berühmten ersten Verszeilen aus dem Stegreif zitieren kann:

Ich weiß nicht, was soll es bedeuten,
Daß ich so traurig bin;
Ein Märchen aus alten Zeiten,
Das kommt mir nicht aus dem Sinn.

Handschrift von Heines Gedicht Loreley

Im Ausland gilt Heines *Loreley* bis heute als *das* deutsche Volkslied, nachzuschlagen in seiner frühen, im In- und Ausland sensationell erfolgreichen Gedichtsammlung *Das Buch der Lieder*.

Heine liebte die traditionelle Liedform, er übernahm vorgefundene Stoffe, wandelte sie ab, beschritt eigene Wege und entwickelte moderne poetische Prinzipien. Obwohl am Rhein geboren und damit zu dessen Verherrlichung prädestiniert, kann von einer naiven Rheinromantik bei Heine keine Rede sein. Dies gilt auch für sein Loreley-Gedicht, dessen übersteigertes Pathos schon reichlich Distanz zur Tradition von Volkslied und daran anknüpfender romantischer Dichtung aufbaut.

Zu Heines Zeit stand der Rhein bei den Dichtern generell hoch im Kurs, fließt er doch — teilweise jedenfalls — durch eine inspirierende, weil wildromantische, mit Burgen respektive Burgruinen sagenhaft garnierte Landschaft. Dies gilt vor allem für den Kernabschnitt zwischen Bacharach und Köln, den auch Heine gern mit seiner rheinischen Herkunft verknüpft: „Nein, ich bin nicht geboren in Indien; das Licht der Welt erblickte ich an den Ufern jenes schönen Stromes, wo auf grünen Bergen die Torheit wächst und im Herbste gepflückt, gekeltert, in Fässer gegossen und ins Ausland geschickt wird ", heißt es in *Ideen. Das Buch Le Grand*. Zudem besaß der Rhein vor dem Hintergrund der Konfrontation Deutschlands und Frankreichs, die das gesamte 19. Jahrhundert prägte, große politische Brisanz und wurde daher in der damaligen deutschen Lyrik bevorzugt dumpf-nationalistisch, das heißt mit Besitzanspruch besungen. Heine hat den Rhein, dessen Düsseldorfer Ufer zwischen Burgplatz und Zollstraße damals noch als Hafenwerft genutzt wurde, in seinem politischen Versepos *Deutschland. Ein Wintermärchen* von 1841 als den sprichwörtlichen „Vater Rhein" personalisiert und lässt ihn harsche Kritik an dieser Art von Gesang üben:

Wenn ich es höre, das dumme Lied,
Dann möcht ich mir zerraufen
Den weißen Bart, ich möchte fürwahr
Mich in mir selbst ersaufen!

Mit Blick auf die großen Auseinandersetzungen zwischen Franzosen und Deutschen, wem denn nun der Rhein gehört, erklärte Heine, der beiderlei Vereinnahmungsversuche verspottete und sich nicht für eine nationale Ideologie, sondern für universelle Werte einsetzte, kurzerhand: „Mir gehört er, durch unveräußerliches Geburtsrecht, ich bin des freien Rheins noch weit freierer Sohn, an seinem Ufer stand meine Wiege, und ich sehe gar nicht ein, warum der Rhein irgendeinem andern gehören soll als den Landeskindern." Der überzeugte Europäer Heinrich Heine sah sich zeitlebens als Mittler zwischen Deutschen und Franzosen, seinen beiden „auserwählten Völkern der Humanität", und für dieses Amt war er zur richtigen Zeit, am richtigen Ort und, nicht zuletzt, am richtigen Fluss zur Welt gekommen:

Ort und Zeit sind auch wichtige Momente:
ich bin geboren zu Ende des skeptischen
achtzehnten Jahrhunderts und in einer Stadt,
wo zur Zeit meiner Kindheit nicht bloß die Franzosen,
sondern auch der französische Geist herrschte.

Krämerstraße um 1890: Rückfront der Westseite mit Rheinwerft.
Links die Kirche der Karmelitessen an der Ecke Altstadt.
Die Häuser wurden im Zuge der Verschiebung des Rheinufers um
1897 niedergelegt. Links vorne ein alter Kran.

IOANNI GUILIELMO
COM·PAL·RHEN·S·R·I·ARCHIDAP·ET·EL
BAV·IUL·CLIV·MONT·DUCE·PRINC·OPT·
MERITO·VRBIS·AMPLIFICATORI
PINACOTHECAE·FUNDATORI

Marktplatz

Macht ist vergänglich.

Der Tag, als Düsseldorf den Löffel abgab.

Logenplatz-Beobachtungen eines cleveren Knaben.

Mr. Le Grand zieht ein und trommelt für die Freiheit.

Mit der Reiterstatue auf dem Marktplatz setzte Gabriel de Grupello
dem Kurfürsten Jan Wellem 1711 ein Denkmal bis in die heutige Zeit

Herrschaftsansprüche sind vergänglich, Kurfürsten gehen und französische Regenten kommen; das hat Heine bereits als Kind erlebt. Bei dieser aufregenden Erfahrung nimmt in seiner Erinnerung vor allem der Marktplatz mit dem Rathaus und der „kolossalen Reuterstatue" eine zentrale Rolle ein. Gabriel de Grupello, der Hofbildhauer des letzten in Düsseldorf residierenden Kurfürsten Johann Wilhelm von Pfalz-Neuburg, hatte sie 1711 geschaffen. Jan Wellem, wie der ebenso volkstümliche wie kunstliebende Regent in Düsseldorf genannt wird, hat sich als berühmtes Barockdenkmal bis heute gut gehalten. Heine wiederum hat der Statuenwerdung des beliebten Kurfürsten ein vielzitiertes literarisches Denkmal gesetzt, mit Heine-typischer, Kulinarisches, Politisches und Erotisches verbindender Pointe. Heute noch erinnert die Figur des Gießerjungen am Rande des Marktplatzes/Ecke Zollstraße an einen Aspekt der Entstehungsgeschichte, der auch Heine vertraut war: Dass es nämlich beim Anfertigen an Material gefehlt habe, woraufhin die Bürger etwas spendeten, das der Junge in seiner Schürze eingesammelt haben soll:

*A*ls Knabe hörte ich die Sage, der Künstler,
der diese Statue gegossen, habe während des Gießens
mit Schrecken bemerkt, daß sein Metall nicht dazu ausreiche,
und da wären die Bürger der Stadt herbeigelaufen
und hätten ihm ihre silbernen Löffel gebracht,
um den Guß zu vollenden – und nun stand ich stundenlang
vor dem Reuterbilde und zerbrach mir den Kopf,
wieviel silberne Löffel wohl darin stecken mögen
und wieviel Apfeltörtchen man wohl für all das Silber
bekommen könnte. Apfeltörtchen waren nämlich damals
meine Passion – jetzt ist es Liebe, Wahrheit,
Freiheit und Krebssuppe (…).

Der Gießerjunge von Wilhelm Hoselmann neben dem Grupello-Haus

Jan Wellem – den Düsseldorfer Apfeltörtchen gewiss nicht abge-
neigt – und seine zweite Frau, die florentiner Prinzessin Anna Maria
Luisa de Medici, hatten der Stadt einst eine kulturelle Blütezeit ver-
schafft. Neben seinem Schloss ließ der vor allem dem Barockmaler Rubens zugeneigte Herrscher eine große Galerie bauen, und Anna Maria füllte sie: mit Rubens, Rembrandt und Raffael. Durch ihre Hilfe
konnte der Kurfürst rund tausend Gemälde zusammentragen und
schuf damit eine Sammlung, wie es sie im damaligen Europa kein
zweites Mal gab. Für Heine ist Jan Wellem, der 1716 verstorben war,
dann auch erinnerungswürdig, aber politisch betrachtet doch schon
ziemlich von gestern:

*E*s soll ein braver Herr gewesen sein
und sehr kunstliebend und selbst sehr geschickt.
Er stiftete die Gemäldegalerie in Düsseldorf,
und auf dem dortigen Observatorium zeigt man
noch einen überaus künstlichen Einschachtelungsbecher
von Holz, den er selbst in seinen Freistunden –
er hatte deren täglich vierundzwanzig – geschnitzelt hat.
Damals waren die Fürsten noch keine geplagte Leute wie jetzt,
und die Krone war ihnen am Kopfe festgewachsen,
und des Nachts zogen sie noch eine Schlafmütze darüber
und schliefen ruhig, und ruhig zu ihren Füßen schliefen

die Völker, und wenn diese des Morgens erwachten,
so sagten sie: ‚Guten Morgen, Vater!‘ –
und jene antworteten: ‚Guten Morgen, liebe Kinder!‘
Aber es wurde plötzlich anders;
als wir eines Morgens zu Düsseldorf erwachten und
‚Guten Morgen, Vater!‘ sagen wollten, da war der
Vater abgereist,
und in der ganzen Stadt war nichts als stumpfe Beklemmung,
es war überall eine Art Begräbnisstimmung,
und die Leute schlichen schweigend nach dem Markte
und lasen den langen papiernen Anschlag
auf der Türe des Rathauses.

Wie unterschiedlich der Düsseldorfer Marktplatz jeweils aussah und wie unterschiedlich die Stadtoberen sich verhielten, rückt Heine im *Buch Le Grand* ins Zentrum der Schilderung. Während, wie oben beschrieben, die Abdankung des letzten Düsseldorfer Kurfürsten Maximilan Joseph zunächst noch als Weltuntergang empfunden wird, scheint beim Empfang des neuen französischen Regenten, des Großherzogs Joachim Murat, einem Schwager Napoleons, schon wieder eine Art Goldenes Zeitalter anzubrechen. Bereits zur Geburtszeit Heines hatten die französischen Heere Kurs auf das Rheinland genommen und das linke Rheinufer erreicht. Von dort beschossen sie auch Düsseldorf als herzoglichen Regierungssitz. Maximilian Joseph hatte sich 1805 auf Napoleons Geheiß nach Bayern zurückgezogen und das Herzogtum Jülich-Berg an Frankreich abgetreten. Heine schildert die Amtshandlungen bei der Machtübergabe, deren Augenzeuge er war, zwar verkürzt, historisch aber durchaus akkurat, und vor allem hochkomisch:

Da sah es jetzt ganz anders aus, es war,
als ob die Welt neu angestrichen worden,
ein neues Wappen hing am Rathause,
das Eisengeländer an dessen Balkon war mit gestickten
Sammetdecken überhängt, französische Grenadiere
standen Schildwache, die alten Herren Ratsherren
hatten neue Gesichter angezogen und trugen ihre Sonntagsröcke
und sahen sich an auf französisch und sprachen ‚Bon jour‘,
aus allen Fenstern guckten Damen,
neugierige Bürgersleute und blanke Soldaten füllten den Platz,
und ich nebst andern Knaben,
wir kletterten auf das große Kurfürstenpferd und schauten
davon herab auf das bunte Marktgewimmel.(...)
Der lange Kurz sagte uns, daß heute keine Schule sei,
wegen der Huldigung. Wir mußten lange warten,
bis diese losgelassen wurde.
Endlich füllte sich der Balkon des Rathauses
mit bunten Herren, Fahnen und Trompeten,
und der Herr Bürgermeister,
in seinem berühmten roten Rock,
hielt eine Rede, die sich etwas in die Länge zog,
wie Gummielastikum oder wie eine gestrickte Schlafmütze,
in die man einen Stein geworfen –
nur nicht den Stein der Weisen –,
und manche Redensarten konnte ich ganz deutlich vernehmen,
z. B. daß man uns glücklich machen wolle –
und beim letzten Worte wurden die Trompeten geblasen
und die Fahnen geschwenkt
und die Trommel gerührt und Vivat gerufen (...).

Damals gab es rund um das Reiterbild noch keine Absperrgitter und bloß einen niedrigen Sockel. Der Kurfürst konnte also tatsächlich von Harry erklettert werden, der durch die Franzosenherrschaft über das Rheinland bereits im Kindesalter französischer Staatsbürger wurde. Von der Fülle der Reformen, welche die Düsseldorfer den Franzosen verdanken, war für Familie Heine vor allem die Einführung des Code civil von Bedeutung. Also jenes auf den Grundfesten der Französischen Revolution – Freiheit, Gleichheit, Brüderlichkeit – beruhende Gesetzeswerk, das auch die Gleichstellung der Religionen festschrieb, mithin die Emanzipation der Juden beförderte.

Es waren politisch bewegte, fortschrittliche Zeiten, in denen Heine in Düsseldorf aufwuchs. Als besonders spannend hat er – im Gegensatz zu seiner Mutter – die französische Einquartierung in Gestalt eines Tambours empfunden, der alle Freiheitsmärsche beherrschte und den jungen Heine außerordentlich zu begeistern verstand. Aus diesem Trommler formte der für die Freiheit entflammte Dichter eine seiner denk- und liebenswürdigsten literarischen Figuren:

*Parbleu! wieviel verdanke ich nicht
dem französischen Tambour,
der so lange bei uns in Quartier lag und wie ein
Teufel aussah und doch von Herzen so engelgut war
und so ganz vorzüglich trommelte.
Es war eine kleine, bewegliche Figur
mit einem fürchterlichen schwarzen Schnurrbarte,
worunter sich die roten Lippen trotzig hervorbäumten,
während die feurigen Augen hin und her schossen.
Ich kleiner Junge hing an ihm wie eine Klette (…).
Monsieur Le Grand wußte nur wenig gebrochenes Deutsch,
nur die Hauptausdrücke – Brot, Kuß, Ehre –,
doch konnte er sich auf der Trommel
sehr gut verständlich machen,
z. B. wenn ich nicht wußte, was das Wort ‚liberté' bedeute,
so trommelte er den Marseiller Marsch – und ich verstand ihn.
(…) Er wollte mir mal das Wort ‚l'Allemagne' erklären,
und er trommelte jene allzu einfache Urmelodie,
die man oft an Markttagen bei tanzenden Hunden hört,
nämlich Dum – Dum – Dum – ich ärgerte mich,
aber ich verstand ihn doch.*

Das Düsseldorfer Schloss 1876: Blick vom Burgplatz auf das 1872 durch einen Brand zerstörte Schloss. Links die ehemalige kurfürstliche Gemäldegalerie, später Kunstakademie, rechts der Schlossturm, daneben die Einmündung der Mühlenstraße

Burgplatz

Bunte Bilder, goldene Rahmen, tausend mächtige Bücher.

Mummenschanz im Düsseldorfer Schloss.

Romantik und Ruinen.

Ein Bürger-Offizier und Gentleman.

Geben ist seliger denn Nehmen.

Harry studiert Düsseldorfer Originale und verewigt sie.

Profitiert hat Heine nicht nur von der französischen, sondern auch von der kurfürstlichen Zeit der Stadt, denn einige kulturell bedeutende Überbleibsel der Hofhaltung Jan Wellems haben sich bis in seine Lebenszeit erhalten. Die schon erwähnte öffentliche Gemäldesammlung mit den Werken aller berühmten Barockmaler beispielsweise. Sie war im Obergeschoss des weißen Gebäudes an der Ecke Burgplatz/ Marktstraße untergebracht, von dem nur noch der Ostflügel erhalten ist, wo heute die Stadtverwaltung residiert. Die Galerie war mit dem Schloss verbunden, damit Jan Wellem seine Schätze jederzeit besuchen konnte, aber auch das Volk hatte Zugang. 1805 wurde die Sammlung allerdings von Carl Theodors Nachfolger Maximilian Joseph, der das Herzogtum Berg den Franzosen überließ und König von Bayern wurde, fast vollständig nach München geschafft – für Düsseldorf ein gewaltiger kultureller Aderlass. An die Gemäldesammlung kann Heine sich folglich nur dunkel erinnern und erwähnt im *Buch Le Grand* bloß, dass „die bunten Gemälde mit goldnen Rahmen wunderbar glänzten".

Einige wenige Werke der berühmten Sammlung, darunter Rubens' gewaltige *Himmelfahrt Marias,* hängen heute noch in der Barockgalerie im museum kunst palast, alles andere bildet den Grundstock der Alten Pinakothek München und ist für Düsseldorf unwiederbringlich verloren. Selbst für das Jan-Wellem-Jahr 2008, in dem der 350. Geburtstag des Kurfürsten gefeiert wurde, gab es von der Isar nur magere vier Leihgaben für die Jubiläumsausstellung. Von ungleich größerer Bedeutung war für Heine die unter Karl Theodor geschaffene erste öffentliche Bibliothek im Erdgeschoss des Galeriegebäudes. Sie war die Vorläuferin der Landes- und Stadtbibliothek, deren Bestände 1970 auf Universitätsbibliothek und Heine-Institut verteilt wurden. In der kurfürstlichen Bücherei entlieh Harry regelmäßig Lektüre, bevorzugt literarische und literaturwissenschaftliche Schriften, wie das im Heine-Institut archivierte Ausleihjournal bezeugt.

Das Galeriegebäude war das kulturelle Zentrum der damaligen Zeit. Der Rest von Jan Wellems Stadtschloss befand sich in ruinösem Zustand: 1795 war es bei der Kanonade Düsseldorfs von den Franzosen beschossen worden, brannte in großen Teilen nieder und stürzte stellenweise ein. Danach ging dort nach volkstümlicher Vorstellung der Geist der einst nach Düsseldorf verheirateten Jakobe von Baden

Das Düsseldorfer Schloss 1888: Der nach dem Brand verbliebene Teil des Schlosses, bis dahin Ständehaus, kurz vor der Niederlegung. Rechts das ehemalige kurfürstliche Pagenhaus an der Krämerstraße

St. Lambertus mit Schlossturm

um. Diese erfreute sich im 16. Jahrhundert als Mitregentin zwar großer Beliebtheit, wurde dann aber durch politische Gegner von ihrem geisteskranken Gatten gewaltsam getrennt, im Schlossturm gefangen gehalten und schließlich umgebracht. Heine erinnert sich:

> *(…) wir saßen vor der marmornen Statue*
> *auf dem Schloßplatz –*
> *auf der einen Seite liegt das alte, verwüstete Schloß,*
> *worin es spukt und nachts eine schwarzseidene Dame*
> *ohne Kopf mit langer, rauschender Schleppe herumwandelt;*
> *auf der andern Seite ist ein hohes weißes Gebäude, (…)*
> *in dessen Untergeschosse so viele*
> *tausend mächtige Bücher standen,*
> *die ich und die kleine Veronika oft*
> *mit Neugier betrachteten, wenn uns die fromme Ursula*
> *an die großen Fenster hinanhob –*
> *Späterhin, als ich ein großer Knabe geworden,*
> *erkletterte ich dort täglich die höchsten Leitersprossen*
> *und holte die höchsten Bücher herab*
> *und las darin so lange, bis ich mich vor nichts mehr,*
> *am wenigsten vor Damen ohne Kopf, fürchtete,*
> *und ich wurde so gescheut,*
> *daß ich alle alte Spiele und Märchen und Bilder*
> *und die kleine Veronika und sogar ihren Namen vergaß.*

Für Heine war die Schlossruine mit ihrem hohen Romantik- und Gruselfaktor eine ausgesprochen poesietaugliche Kulisse. Etwa für sein Gedicht *Schelm von Bergen,* in dem ein Scharfrichter sich in einen rauschenden Maskenball schmuggelt, von seiner herzoglichen Tanzpartnerin enttarnt und zu deren Ehrenrettung zum Edelmann geschlagen wird:

*Im Schloß zu Düsseldorf am Rhein
Wird Mummenschanz gehalten;
Da flimmern die Kerzen, da rauscht die Musik,
Da tanzen die bunten Gestalten.*

*Da tanzt die schöne Herzogin,
Sie lacht laut auf beständig;
Ihr Tänzer ist ein schlanker Fant,
Gar höfisch und behendig. (...)*

1872 wurde das Schloss beziehungsweise das, was davon übrig geblieben war, durch eine Feuersbrunst endgültig vernichtet und nicht wieder aufgebaut. Auf dem heutigen Burgplatz mit der schönen neuen Promenade als Saum ist immerhin noch der restaurierte historische Schlossturm als einziger Überrest der ehemaligen Düsseldorfer Residenz verblieben. Dieser Turm, in dem einst die gepeinigte Jakobe festgesetzt wurde, beherbergt heute ganz brav ein Schifffahrtmuseum, das sich mit dem Rhein als Handelsstraße beschäftigt.

Weniger brav ging es zu Heines Zeit in der alten Hauptwache am Burgplatz zu, die sich an das Schloss anlehnte und den Burgplatz abriegelte. Als Offizier der Bürgergarden wirkte hier Heines Vater Samson, der „eine Vorliebe für den Soldatenstand oder vielmehr für das Soldatenspiel" hegte:

Noch glücklicher war mein Vater in jener Zeit,
wenn die Reihe an ihn kam,
als kommandierender Offizier die Hauptwache zu beziehen
und für die Sicherheit der Stadt zu sorgen.
An solchen Tagen floß auf der Hauptwache
eitel Rüdesheimer
und Aßmannshäuser von den trefflichsten Jahrgängen,
alles auf Rechnung des kommandierenden Offiziers,
dessen Freigebigkeit seine Bürgergardisten,
seine Krethi und Plethi, nicht genug zu rühmen wußten.
(...)
Den Garden meines Vaters fehlte es nicht an einer
gewissen Tapferkeit, zumal wo es galt,
eine Batterie von Weinflaschen,
deren Schlünde vom größten Kaliber, zu erstürmen.
Aber ihr Heldenmut war doch von einer andern Sorte
als die, welche wir bei der alten Kaisergarde fanden.
Letztere starb und übergab sich nicht,
während die Gardisten meines Vaters immer
am Leben blieben und sich oft übergaben.
Was die Sicherheit der Stadt Düsseldorf betrifft,
so mag es sehr bedenklich damit ausgesehen haben in
den Nächten, wo mein Vater auf der Hauptwache
kommandierte.

Das Düsseldorfer Schloss 1830 nach einem Gemälde von J. Kost:
Im Vordergrund rechts die 1855/56 niedergelegte Hauptwache
am Burgplatz, in der Heines Vater als Offizier der Bürgergarde wirkte.
Im Hintergrund der Nordturm

Zu Samsons Ehrenrettung sei hinzugefügt, dass er nicht bloß Kaufmann und lustiger Bürgergarden-Offizier war, sondern als Armenpfleger ausgeprägtes soziales Engagement bewies. Pietätvoll pflegte er vor der Almosenverteilung in seinem Haus die silbernen Wachskerzen-Leuchter durch kupferne Talglichter zu ersetzen, da er „vor der Armut nicht prunken wollte". Seinen Ältesten ließ er aus pädagogischen Gründen assistieren:

Das waren arme Leute jedes Alters,
die bis in den Vorsaal Queue machten.
Einer nach dem andern kam, seine Tüte in Empfang
zu nehmen, und mancher erhielt zwei;
die große Tüte enthielt das Privatalmosen meines Vaters,
die kleine das Geld der Armenkasse.
Ich saß auf einem hohen Stuhle neben meinem Vater
und reichte ihm die Tüten. Mein Vater wollte nämlich,
ich sollte lernen, wie man gibt, und in diesem Fache
konnte man bei meinem Vater etwas Tüchtiges lernen.
Viele Menschen haben das Herz auf dem rechten Fleck,
aber sie verstehen nicht zu geben,
und es dauert lange, ehe der Wille des Herzens
den Weg bis zur Tasche macht;
zwischen dem guten Vorsatz und der Vollstreckung
vergeht langsam die Zeit wie bei einer Postschnecke.
Zwischen dem Herzen meines Vaters und seiner Tasche
war gleichsam schon eine Eisenbahn eingerichtet.
Daß er durch die Aktionen solcher Eisenbahn nicht reich
wurde, versteht sich von selbst.

Heine hat gewiss auch diese Sitzungen genutzt, um Menschen, Physiognomien und Verhaltensweisen zu studieren, mithin Material zu sammeln, das er später literarisch verarbeitet. Städtische Originale und Stadtstreicher lässt er in seinen Düsseldorfer Erinnerungen häufig auftreten. Etwa den krummen Hermann, der auf dem Markt die köstlichen Apfeltörtchen feilbietet, den dürren Schneider Kilian, der sich bereits für verstorben hält, den dauerbetrunkenen krummen Gumpertz und den tollen Alouisius, darüber hinaus Altersgenossen des Ich-Erzählers wie Nachbars-Pitter und der lange Kurz. Allesamt gesellschaftliche Außenseiter, die für Heine als Stimme des Volkes aber eine zentrale Funktion haben. Die zwar närrisch reden, aber die Gefühle der Menschen doch treffend und wahrhaftig auszudrücken wissen.

Mertensgasse

In Onkel Simons exzentrischer Welt.

Folgenreiche Schmökerstunden und fantastische Reisen.

Schwärmer, Kosmopolit – wie der Onkel, so der Neffe.

Der Orient duftet noch in Düsseldorf und macht hungrig.

Senf, Soßen, Himmel, Ähd und koschere Küche.

Von Heines Familie mütterlicherseits war bereits die
Rede, zumindest von den ruhmreichen Ärzten und Ge-
schäftsleuten. Doch sind, dank Harry Heine, auch die
etwas exotischeren, im besten Wortsinn exzentrischen
van Gelderns in die Geschichte eingegangen. Ein besonders merkwürdiges Exemplar wohnte bis 1833 im
Haus Nr. 1 in der Mertensgasse, jenem schmalen Sträß-
chen, das den eigentümlich-winkeligen Charakter des
alten Düsseldorf erahnen lässt und eine angemessene
Heimstatt für Heines eigenbrötlerischen Onkel Simon
van Geldern abgab. Er öffnete dem Neffen in seinem
„Arche Noä" genannten Haus eine beachtliche Bibliothek und befeuerte damit dessen frühe Lust am Lesen.
Heine beschreibt Simon ähnlich liebevoll wie seinen
Vater Samson Heine:

Er *war ein Sonderling von unscheinbarem,*
ja sogar närrischem Äußeren. (...)
War aber das Äußere des Mannes nicht geeignet,
Respekt einzuflößen, so war sein Inneres,
sein Herz desto respektabler, und es war das bravste
und edelmütigste Herz, das ich hier auf Erden
kennenlernte. (...) Nach weltlichen Begriffen war sein
Leben ein verfehltes.
Simon de Geldern hatte im Kollegium der Jesuiten
seine sogenannten humanistischen Studien, Humaniora,
gemacht, doch als der Tod seiner Eltern
ihm die völlig freie Wahl einer Lebenslaufbahn ließ,
wählte er gar keine, verzichtete auf jedes
sogenannte Brotstudium der ausländischen Universitäten
und blieb lieber daheim zu Düsseldorf in der Arche Noä,
wie das kleine Haus hieß, welches ihm sein Vater hinterließ
und über dessen Türe das Bild der Arche Noä
recht hübsch ausgemeißelt und bunt koloriert
zu schauen war.
Von rastlosem Fleiße, überließ er sich hier allen
seinen gelehrten Liebhabereien und Schnurrpfeifereien,
seiner Bibliomanie und besonders seiner Wut des Schrift-
stellerns, die er besonders in politischen Tagesblättern
und obskuren Zeitschriften ausließ.

Von den Düsseldorfer Jonges gespendete Gedenktafel an der
Arche Noah, *dem Haus von Heines Onkel Simon van Geldern*

1

ARCHE NOAH

IN DIESEM HAUSE
VERBRACHTE
DER JUNGE DICHTER
**HEINRICH
HEINE**
GLÜCKLICHE STUNDEN
BEI SEINEM ONKEL
SIMON van GELDERN

Harry muss in dem kleinen Haus, das während des Zweiten Weltkriegs zerstört, danach wieder aufgebaut wurde und heute leider ziemlich trostlos anmutet, ein und aus gegangen sein. Er besuchte hier gewissermaßen die freie literarische Schule des Privatgelehrten Simon van Geldern, die sich ausgesprochen anregend ausgewirkt hat:

*D*ieser Oheim war es nun,
der auf meine geistige Bildung großen Einfluß geübt
und dem ich in solcher Beziehung
unendlich viel zu verdanken habe. Wie sehr auch unsere
Ansichten verschieden und so kümmerlich auch seine
literärischen Bestrebungen waren, so regten sie doch
vielleicht in mir die Lust zu schriftlichen Versuchen. (…)
Er beschenkte schon den Knaben mit den schönsten,
kostbarsten Werken; er stellte zu meiner Verfügung
seine eigene Bibliothek, die an klassischen Büchern
und wichtigen Tagesbroschüren so reich war,
und er erlaubte mir sogar, auf dem Söller der
Arche Noä in den Kisten herumzukramen,
worin sich die alten Bücher und Skripturen
des seligen Großvaters befanden.
Welche geheimnisvolle Wonne jauchzte
im Herzen des Knaben, wenn er auf jenem Söller,
der eigentlich eine große Dachstube war,
ganze Tage verbringen konnte.

Heine hat den Ort so farbig beschrieben, dass es nicht schwerfällt, den besonderen Zauber dieser ungestörten, abenteuerlichen Lesestunden zu erahnen. Mochte unten in der Gasse auch das Leben lärmen, im van Geldern'schen Dachstübchen griffen die schriftstellerischen Ambitionen des Onkels mehr und mehr auf den – ungleich erfolgreicheren – Neffen über. Es gab lediglich einen, der die Skurrilität dieses Onkels noch übertreffen konnte, und zwar dessen Bruder, Heines Großonkel, der ebenfalls Simon van Geldern hieß. Simon, der Großonkel, wurde auch Chevalier (Ritter) oder Morgenländer genannt, weil er „große Reisen im Oriente gemacht und sich bei seiner Rückkehr immer in orientalische Tracht kleidete". Harry, der in der Dachstube des Morgenländers teils in hochexotischen Sprachen abgefasste Manuskripte studierte, muss ihn sehr bewundert haben und widmet ihm eine dementsprechende Passage in seinen *Memoiren:*

*E*ine rätselhafte Erscheinung, schwer zu begreifen,
war dieser Großoheim. Er führte eine jener
wunderlichen Existenzen, die nur im Anfang
und in der Mitte des achtzehnten Jahrhunderts
möglich gewesen; er war halb Schwärmer,
der für kosmopolitische, weltbeglückende Utopien
Propaganda machte, halb Glücksritter,
der im Gefühl seiner individuellen Kraft
die morschen Schranken einer morschen Gesellschaft
durchbricht oder überspringt. Jedenfalls war er
ganz ein Mensch.

Schwärmer, Kosmopolit, Individualist – einige Attribute Simons treffen auch auf Heine selbst zu, und tatsächlich hat er sich so sehr mit dem schillernden Großonkel auseinandergesetzt, dass er sich zeitweise gar als dessen Doppelgänger fühlte:

A lles, was man von ihm erzählte, machte einen unauslöschlichen Eindruck auf mein junges Gemüt, und ich versenkte mich so tief in seine Irrfahrten und Schicksale, daß mich manchmal am hellen, lichten Tage ein unheimliches Gefühl ergriff und es mir vorkam, als sei ich selbst mein seliger Großoheim und als lebte ich nur eine Fortsetzung des Lebens jenes längst Verstorbenen!

Von der großen, weitverzweigten Welt der van Geldern'schen Heime und Oheime ist in der Mertensgasse immerhin noch der Duft und die Würze derselben geblieben. Dafür muss man jedoch vom Haus Nr. 1, das jetzt dem Heimatverein Düsseldorfer Jonges gehört, der hier Geschäftsstelle und Archiv unterhält und auch die Bronzetafel mit der Arche spendiert hat, zur Hausnummer 25 weiterziehen. Dort gibt es ein trutziges Lädchen nach Tante-Emma-Art, das mit Gewürzen, Soßen und Kräutern aus aller Herren Morgen- und Abendländer, aber auch mit original Düsseldorfer Mostert im Steintopf dem großen Sterben der Traditionsgeschäfte erfolgreich trotzt. Hat man sich dort die Taschen gefüllt und ordentlich Appetit geholt, empfiehlt sich an der Kreuzung zur Andreasstraße ein Besuch im *Weinhaus Tante Anna,* einem der ältesten Restaurants der Stadt. Bis zur Säkularisation im Jahr 1820 war es die Hauskapelle des Jesuitenklosters, heute gibt es hier unter anderem traditionelle Düsseldorfer Küche – Senfrostbraten, Himmel on Ähd –, aber modern interpretiert.

Das Weinhaus Tante Anna *an der Ecke Mertensgasse/Andreasstraße*

Um einen Bezug zu Heine zu schaffen, muss man gar nicht wild konstruieren, denn er hatte viel übrig für gutes Essen und Trinken und arbeitete zeitlebens an der Geschmacksbildung seines Publikums. Er bevorzugte zunächst die schon zu seiner Zeit gepriesene französische Küche, gab später der italienischen den Vorzug, wusste aber auch der jüdischen Kochkunst etwas abzugewinnen. So lässt er Don Isaak im Prosafragment *Der Rabbi von Bacharach* von „Karpfen mit brauner Rosinensauce" schwärmen, ebenso wie von „gedämpftem Hammelfleisch mit Knoblauch und Mairettich, womit man die Toten erwecken kann". Auf den kulinarischen Pfaden Heines kann Düsseldorf mittlerweile auch mit einem koscheren Restaurant aufwarten. Es heißt „Die Kurve", liegt allerdings nicht in der Altstadt, sondern in Pempelfort, und serviert täglich israelische Küche. Nur am Sabbat (Samstag) ist Ruhetag.

Gewürzhaus Altstadt
Mertensgasse 25 • Tel. (02 11) 32 57 88
www.gewuerzhaus-altstadt.de

Weinhaus Tante Anna
Andreasstraße 2 • Tel. (02 11) 13 11 63
www.tanteanna.de

Die Kurve
Goebenstraße 18 • Tel. (02 11) 56 94 20 80
www.die-kurve.com.de

Citadell- und Schulstraße

Pauken und schwitzen im Franziskanerkloster.

Harry bezieht die ersten Prügel seines Lebens, weil
sein Großvater ein kleiner Jude mit großem Bart ist.

Zeichnen lernt er, Geige spielen nicht.

Mitschüler und ihre Schicksale.

Harry hat keinen Sinn für Poesie, sagt der Lehrer.

Moderne Architektur in der alten Schule.

Heine verbrachte seine gesamte Schulzeit im ehemaligen Franziskanerkloster im trauten Winkel Schul- und Citadellstraße, bis heute eine der urigsten Ecken Düsseldorfs. Das Klostergebäude war 1804 säkularisiert worden und Heine besuchte hier Volksschule und Lyzeum (heute: Gymnasium). Auch wenn die Lehrer katholische Geistliche waren, ging es im Unterricht teilweise aufgeklärt zu, denn Heines Schulbesuch fiel in die Phase der französischen Besetzung Düsseldorfs.

Zum Trost ganzer Schülergenerationen eines gleich vorweg: Harry Heine war, nach allem was die Forschung zusammengetragen hat, beileibe kein Musterschüler und verließ das Lyzeum ohne Abschluss. An Intelligenz und Auffassungsgabe hat es nicht gemangelt, doch waren damals eher reproduzierende Fähigkeiten gefragt:

> *(...) die römischen Kriege, die Jahreszahlen,*
> *die nomina auf im, die verba irregularia,*
> *Griechisch, Hebräisch, Geographie, deutsche Sprache,*
> *Kopfrechnen, – Gott! Der Kopf schwindelt mir noch davon –*
> *alles mußte auswendig gelernt werden.*
> *Und manches davon kam mir in der Folge zu Statten.*

Letzteres lässt sich im Rückblick immer wohlfeil sagen, doch erinnert Heine auch die dunklen Seiten seiner Schulzeit, die im Schatten der schwarzen Pädagogik stand. Damals wurde in deutschen Schulen noch unbarmherzig der Rohrstock geschwungen. Es gab jedoch nicht nur besagte Prügelpädagogen, und so formuliert Heine versöhnlich, nachzulesen auf einer Bronzetafel am ehemaligen Lyzeum an der Schulstraße: „Auch in der höhern Unterrichtsanstalt zu Düsseldorf, welche unter der französischen Regierung das Lyceum hieß, waren die Lehrer fast lauter katholische Geistliche, die sich alle mit ernster Güte meiner Geistesbildung annahmen."

Im Jahr 1801 kam Harry zunächst einmal in die Kinderschule unter der Leitung von Frau Hindermans, einer Schulmeisterin der reformierten Gemeinde an der Andreasstraße. Es handelte sich um eine Art Vorschule, wo er als einziger Junge unter einem Dutzend Mädchen das Alphabet erlernte. Schon in dieser vorschulischen Übung, die in Heines Gedicht *Citronia* nicht gut wegkommt, gab es einen Vorgeschmack auf künftige Schülerleiden:

*D*as war in jener Kinderzeit,
Als ich noch trug ein Flügelkleid
Und in die Kinderschule ging,
Wo ich das A B C anfing –
Ich war das einz'ge kleine Bübchen
In jenem Vogelkäfigstübchen.
Ein Dutzend Mädchen, allerliebst
Wie Vöglein haben dort gepiepst,
Gezwitschert und getirilirt,
Auch ganz erbärmlich buchstabirt.
Frau Hindermans im Lehnstuhl saß,
Die Brille auf der langen Nas',
(Ein Eulenschnabel wars vielmehr.)
Das Köpflein wackelnd hin und her,
Und in der Hand die Birkenruth',
Womit sie schlug die kleine Brut,
Das weinend kleine arme Ding,
Das harmlos einen Fehl beging –

Heine erhielt zwar auch jüdischen Unterricht, doch überwiegt in seiner Schulbiografie der christliche Bildungsanteil. Sein Elternhaus war der Emanzipation aufgeschlossen, und die Gleichstellung der Juden wurde ohnehin durch die verbindlich gewordene französische Gesetzgebung befördert. Ab 1803 erwarb Harry in der jüdischen Privatschule eines Verwandten auf der Ratinger Straße zumindest die Grundkenntnisse des religiösen jüdischen Lebens. Hier wurde er mit dem Hebräischen vertraut gemacht und konnte im Alter von 13 Jahren die Bar-Mizwa ablegen, eine Art jüdische Konfirmation.

Die Max-Schule weist auf ihren berühmten Schüler hin

Ab 1804 durchschritt er dann die Haustür mit der Adresse Citadellstraße 2 b. Die Volksschule für Knaben und Mädchen stand bis 1812 unter der unseligen Herrschaft des prügelnden Paters Dickerscheid, die Harry alsbald zu spüren bekam. Ein Detail seiner jüdischen Herkunft, das er seinen Klassenkameraden arglos erzählte, löste einen Tumult aus und zog eine haltlose Bestrafung nach sich – ein Hinweis darauf, dass es mit der Akzeptanz der Juden selbst im relativ liberalen Düsseldorf nicht immer zum Besten stand, französische Gesetzgebung hin oder her. Heine hat in seiner Kindheit und Jugend also sehr wohl Ausgrenzung erfahren. Gekoppelt mit Schlägen wurde eine traumatisierende Erfahrung daraus:

(...) einst als kleines Bübchen, zur Zeit, wo ich die Werkeltage
in der öden Franziskaner-Klosterschule, jedoch die Sonntage
zu Hause zubrachte, nahm ich hier eine Gelegenheit wahr,
meinen Vater zu befragen, wer mein Großvater gewesen sei.
Auf diese Frage antwortete er halb lachend, halb unwirsch:
,Dein Großvater war ein kleiner Jude und hatte einen großen
Bart.' Den andern Tag, als ich in den Schulsaal trat,
wo ich bereits meine kleinen Kameraden versammelt fand,
beeilte ich mich sogleich, ihnen die wichtige Neuigkeit zu
erzählen: daß mein Großvater ein kleiner Jude war,
welcher einen langen Bart hatte. Kaum hatte ich
diese Mitteilung gemacht, als sie von Mund zu Mund flog,
in allen Tonarten wiederholt ward, mit Begleitung von
nachgeäfften Tierstimmen. Die Kleinen sprangen über Tische
und Bänke, rissen von den Wänden die Rechentafeln,
welche auf den Boden purzelten nebst den Tintenfässern,
und dabei wurde gelacht, gemeckert, gegrunzt, gebellt, gekräht –
ein Höllenspektakel, dessen Refrain immer der Großvater war,
der ein kleiner Jude gewesen und einen großen Bart hatte.
Der Lehrer, welchem die Klasse gehörte, vernahm den Lärm und
trat mit zornglühendem Gesichte in den Saal und fragte gleich
nach dem Urheber dieses Unfugs. Wie immer in solchen Fällen
geschieht: ein jeder suchte kleinlaut sich zu diskulpieren,
und am Ende der Untersuchung ergab es sich, daß ich Ärmster
überwiesen ward, durch meine Mitteilung über meinen
Großvater den ganzen Lärm veranlaßt zu haben, und
ich büßte meine Schuld durch eine bedeutende Anzahl Prügel.
Es waren die ersten Prügel, die ich auf dieser Erde empfing (...).

Solche Drangsal ist gottlob passé. Heute geht es in dem Nachfolger jener Volksschule, der katholischen Grundschule Max-Schule, bedeutend fröhlicher zu. Stolz darauf, dass der berühmte Düsseldorfer hier Elementares lernte, hat der Förderverein in der ersten Etage des Gebäudes aus Flohmarkt-, Keller- und Dachbodenfunden ein Klassenzimmer zusammengetragen, wie es zur Zeit Heines ausgesehen haben könnte. Schulbänke, Pult, Kohleofen, Tornister, Bücher, Präparate, Kleidung, Griffel, Schiefertafeln und, nicht zu vergessen, Rohrstöcke machen das einmal wöchentlich für Besucher geöffnete *historische Klassenzimmer* aus. Im Raum nebenan, ebenfalls ein kleines Museum mit Heine-Gedenkvitrine, werden Memorabilia aus der Geschichte der Schule gezeigt. Der Ort als solcher ist allerdings nicht mehr ganz so historisch: Das Gebäude, in dem einst Heine auf der Schiefertafel griffelte, wurde Mitte des 19. Jahrhunderts abgerissen. Ein neues Haus entstand und wurde 1856, im Todesjahr Heines, wiederum als Schule eröffnet.

Direkt gegenüber dem geschichtsträchtigen Eingang Nr. 2 b hat sich 1991 das auf Kunst und Literatur spezialisierte Heinrich-Heine-Antiquariat angesiedelt. Die Lage ist nicht nur der beziehungsreichen Schule wegen bestens gewählt, denn die Citadellstraße ist eine der sehenswertesten alten Straßen der Stadt. Spaziergänger finden in unmittelbarer Nähe viel Besuchenswertes, darunter Film-, Keramik- und Stadtmuseum und das gemütliche Bistro *Zicke*. Von hier aus ist es auch nicht weit zur Akademiestraße, wo Heine in der alten, nicht mehr erhaltenen Kunstakademie im Palais des Grafen Hondheim zeichnen lernte. Heines waren offenbar auch auf die musische Bildung ihrer Kinder bedacht, und es war kein Geringerer als der ältere Bruder des berühmten Peter Cornelius, der Akademie-Inspektor Lambert Cornelius, der Heines Blick für bildende Kunst schärfte.

Frühe Geschmacksbildung also, deren Früchte zwar nicht mehr in malerischer, dafür aber in literarischer Form im *Salon* mit dem Kapitel *Französische Maler* erhalten sind, eine der weniger bekannten Frankreich-Schriften Heines. Im Genueser Palazzo Durazzo erinnert Heine sich bei einer Ausstellung mit Werken seines berühmten Landsmannes Peter Cornelius an die Zeit, „als ich, ein kleines Bübchen, auf der Akademie zu Düsseldorf zeichnen lernte".

Im Zeichenunterricht ging er wohl deutlich ambitionierter zu Werke als bei musikalischen Übungen. Biografen wissen zu berichten, auf

Das Heinrich-Heine-Antiquariat *auf der Citadellstraße*

welch ausgebuffte Weise er private Geigenstunden in einem im Garten gelegenen Anbau absolvierte. Statt sich auf der Violine zu üben, wie es die bildungsbeflissene Mutter wünschte, überließ er die komplizierte Chose lieber gleich dem Hauslehrer, während er selbst es sich auf dem Sofa wohlsein ließ. Nach etwa einem Jahr flog die Sache auf. In der Folge war Heine nicht nur den wohl durchaus geschätzten Lehrer, sondern auch die ungeliebte Violine los.

Ab 1807 besuchte Heine das ebenfalls im alten Franziskanerkloster untergebrachte Lyzeum. Alle Kinder der Familie Heine gingen als einzige jüdische Schüler auf dieses Gymnasium. Das alte Kloster an der Schulstraße/Ecke Citadellstraße ist als eines der wenigen historischen Bauwerke aus Heines Zeit und Leben erhalten geblieben. Es war der erste große Bau innerhalb der unter Jan Wellem begonnenen Citadelle und das dominierende Bauwerk im Süden der damaligen Stadt. An der Rückseite des Klosters fließt die Düssel. Harry musste dort den tragischen Unglücksfall eines Kameraden miterleben, an dem er selber nicht ganz unschuldig war:

*W*ir waren Schulkameraden im Franziskanerkloster zu Düsseldorf und spielten auf jener Seite desselben, wo zwischen steinernen Mauern die Düssel fließt, und ich sagte: ‚Wilhelm, hol doch das Kätzchen, das eben hineingefallen‘ – und lustig stieg er hinab auf das Brett, das über dem Bach lag, riß das Kätzchen aus dem Wasser, fiel aber selbst hinein, und als man ihn herauszog, war er naß und tot. – Das Kätzchen hat noch lange Zeit gelebt.

Heine hat diesen Vorfall ebenso in seinem Werk reflektiert wie die Pilgerreise eines weiteren Mitschülers, die er als Vorlage für sein Gedicht *Die Wallfahrt nach Kevlaar* angibt, Schlusspunkt seiner berühmten Lyrik-Sammlung *Das Buch der Lieder*. Dieses sehr melancholische, die Volksfrömmigkeit aufgreifende Gedicht hat Heine während seiner Berliner Zeit in Erinnerung an das heimische Rheinland geschrieben. Ganz besonders geliebt wird es am Niederrhein, wo der beschauliche Wallfahrtsort liegt und jedes Jahr zur Pilgersaison aus dem Dornröschenschlaf erwacht. Heine notierte 1822:

*Als ich ein kleiner Knabe war, und im
Franziskaner-Kloster zu Düsseldorf die erste Dressur
erhielt und dort zuerst buchstabiren und stillsitzen lernte,
saß ich oft neben einem andern Knaben, der mir immer
erzählte: wie seine Mutter ihn nach Kevlaar
(im Geldernschen) mitgenommen, wie sie dort einen
wächsernen Fuß für ihn geopfert, und wie sein eigener
schlimmer Fuß dadurch geheilt sey.*

*Mit diesem Knaben traf ich wieder zusammen in der
obersten Klasse des Gymnasiums, und als wir, im
Philosophen-Collegium bey Rektor Schallmayer, neben
einander saßen, erinnerte er mich lachend an jene
Mirakel-Erzählung, setzte aber doch etwas ernsthaft hinzu:
jetzt würde er der Muttergottes ein wächsernes Herz
opfern. Ich hörte später, er habe damals an einer
unglücklichen Liebschaft laboriert, und lange vernahm
ich dann nichts mehr von ihm. –*

*Vor einigen Jahren, als ich zwischen Bonn und Godesberg
am Rhein spatzieren ging, hörte ich in der Ferne die
wohlbekannten Kevlaar-Lieder, wovon das vorzüglichste
den gedehnten Refrain hat: ,Gelobt sey'st du, Maria!‘
und als die Prozession näher kam, bemerkte ich unter
den Wallfahrtern meinen Schulkameraden mit seiner
alten Mutter. Diese führte ihn.
Er aber sah sehr blaß und krank aus.*

Der Philosophie-Unterricht des Rektors Ägidius Jakob Schallmeyer hatte großen Einfluss auf Heine. Er war ein Freund der Familie und grundierte Harrys aufgeklärtes Weltbild. Im siebten Kapitel des *Buch Le Grand* lässt Heine den gesamten offiziellen Lehrplan der Lyzeumszeit im Franziskanerkloster ab 1807 – Geschichte, Latein, Griechisch, Hebräisch, Deutsch, Französisch, Naturgeschichte, Geographie, Mythologie – Revue passieren und kontrastiert die trockene Schulbildung mit den ungleich eingängigeren und einsichtsvolleren Lektionen des Trommlers Le Grand. Aber auch die Lyzeumszeit hat den Schüler mit wertvollem Stoff versorgt – wertvoll für seine spätere poetische und journalistische Arbeit. Dies gilt selbst für die lateinische Sprache, die bei Heine häufig in einem Atemzug mit Prügel genannt wird.

*W*as aber das Lateinische betrifft,
so haben Sie gar keine Idee davon, Madame,
wie das verwickelt ist.
Den Römern würde gewiß nicht Zeit genug
übriggeblieben sein, die Welt zu erobern, wenn sie das
Latein erst hätten lernen sollen. Diese glücklichen Leute
wußten schon in der Wiege, welche Nomina den
Akkusativ auf -im haben.
Ich hingegen mußte sie im Schweiße meines
Angesichts auswendig lernen; aber es ist doch immer gut,
daß ich sie weiß.

Im ewigen Konflikt mit der lateinischen Grammatik erflehte Heine sogar göttlichen Beistand. Oft will er zu diesem Zweck im Schulgebäude vor einem großen Holzkreuz aus dem 17. Jahrhundert gestanden haben:

Das Maxhaus war früher ein Franziskanerkloster

*A*ber, Madame, die verba irregularia –
sie unterscheiden sich von den verbis regularibus
dadurch, daß man bei ihnen noch mehr Prügel
bekömmt –, sie sind gar entsetzlich schwer.
In den dumpfen Bogengängen des Franziskaner-
klosters, unfern der Schulstube, hing damals ein
großer, gekreuzigter Christus von grauem Holze,
ein wüstes Bild, das noch jetzt zuweilen des Nachts
durch meine Träume schreitet und mich traurig
ansieht mit starren, blutigen Augen – vor diesem
Bilde stand ich oft und betete: ‚O du armer,
ebenfalls gequälter Gott, wenn es dir nur
irgend möglich ist, so sieh doch zu, daß ich die
verba irregularia im Kopfe behalte.‘

Nicht nur Latein, auch französische Lektionen standen während
der Besatzungszeit auf dem Stun-
denplan, zumal der Unterricht
teils in französischer Sprache ab-
gehalten wurde. Bestandteil der
französischen Lektionen war das
Verfassen von Versen nach klassischen Mustern, was sich für Harry Heine zum Albtraum aus-
wuchs. Lehrer für französische
Grammatik war der Abbé Daul-
noi, ein emigrierter Priester, ein
„ältliches Männchen mit den be-
weglichsten Gesichtsmuskeln
und mit einer braunen Perücke,
die, sooft er in Zorn geriet, eine
sehr schiefe Stellung annahm".

Heine hielt nicht viel von der französischen Metrik; er empfand sie als „wahre Zwangsjacke für Gedanken" und verabscheute den französischen Hexameter, „dieses gereimte Rülpsen". In seinen *Memoiren* notiert er:

So denk ich jetzt, und so fühlt ich
schon als Knabe, und man kann sich leicht
vorstellen, daß es zwischen mir und der alten
braunen Perücke zu offnen Feindseligkeiten
kommen mußte, als ich ihm erklärte, wie es mir rein
unmöglich sei, französische Verse zu machen.
Er sprach mir allen Sinn für Poesie ab
und nannte mich einen Barbaren
des Teutoburger Waldes.

Hier irrte der Schulmeister gewaltig. Harry Heine aber verließ das Lyzeum 1814 ohne Reifezeugnis und besuchte anschließend eine Handelsschule in Düsseldorf. Aus Sicht seiner Familie war der weitere Weg klar vorgezeichnet – Kaufmann sollte er werden, wie der Vater, der ihn 1815 auf eine Messe nach Frankfurt mitnahm und dort einige Wochen bei einem Kaufmann und einem Bankier zur Assistenz ließ. Voller Ironie notierte Heine, er habe bei dieser Gelegenheit gelernt, „wie man einen Wechsel ausstellt und wie Muskatnüsse aussehen". Im Juni 1816 begann auf Vermittlung des reichen Bankier-Onkels Harrys eigentliche Ausbildung in einem Hamburger Bankhaus, doch währte seine kaufmännische Karriere nicht lange. Vom

Kruzifix im Maxhaus, vor dem Heine um göttlichen Beistand beim Erlernen der lateinischen Sprache gebeten haben soll

merkantilen Gewerbe erlöst, studierte er Jura in Bonn, Göttingen und Berlin. Zugleich besuchte er literaturwissenschaftliche Vorlesungen. In seiner Berliner Zeit war er häufig zu Gast im literarischen Salon von Rahel Varnhagen, deren Mann Karl August Varnhagen von Ense 1785 in Düsseldorf geboren worden war – eine biografische Parallele, die gewiss zur Freundschaft der beiden beigetragen hat. Heine machte seine Düsseldorfer Herkunft immer wieder zum Thema, sie verbirgt sich sogar noch in einem Pseudonym, unter dem er in Hamburg erste Gedichte veröffentlichte: *Sy Freudhold Riesenharf* heißt, anders sortiert, *Harry Heine Düsseldorf.*

Ebenso wie der Dichter Heine hat sich auch das ehemalige Franziskanerkloster weit von der Lyzeumszeit entfernt. Die ehemals „dumpf-katholische Klosterschule" verbindet als katholisches Stadthaus, kurz Maxhaus genannt, jetzt alte und moderne Architektur. Im Refektorium, dem heutigen Antoniussaal, ist die kunstvolle Stuckdecke erhalten geblieben und kann bei Konzerten bewundert werden. Im Kreuzgang, gleich neben dem Eingang zur Kirche, hängt noch das große, mittlerweile dunkelbraune Kruzifix, vor dem Heine Beistand beim Erlernen lateinischer Grammatik erbat. Gut gespeist und getrunken, manchmal auch musiziert, gesungen oder gelesen wird jetzt im glasbedachten, freundlich hellen Klosterhof mit Bistro, dem Zentrum des Hauses. Auf der Galerie gibt es für erschöpfte Altstadt-Pilger einen *Raum der Ruhe.* Ruhe zum (Heine-)Lesen, beispielsweise.

Max-Schule, historisches Klassenzimmer
Citadellstraße 2 b • Gruppenführungen immer dienstags
nach Vereinbarung; Anmeldung bei Wilfried Heiter
Tel. (02 11) 41 05 42

Maxhaus, katholisches Stadthaus im ehem. Franziskanerkloster
Schulstraße 11 • Tel. (02 11) 9 01 02 50 • www.maxhaus.de
Bistro Klosterhof im Maxhaus
geöffnet Di bis Sa 11–17.30 Uhr • Tel. (02 11) 9 01 02 60

Heinrich-Heine-Antiquariat
Citadellstraße 9 • Tel. (02 11) 13 26 12 • www.heineantiquariat.de

Hofgarten

Krieg und Frieden in Düsseldorfs größtem Garten.

Mit Don Quijote ins Grüne.

Napoleon reitet verbotenerweise

durch den Hofgarten – Hosiannah!

Kritik an einer selbst erschaffenen Legende.

Der Student Heine besucht ein letztes Mal die Vaterstadt.

Im Hoflazarett für Hofgeisteskranke.

Le Grand trommelt nicht mehr.

Düsseldorf erfreute sich zur Zeit Heines nicht nur der ersten öffentlichen Gemäldegalerie und der ersten öffentlichen Bibliothek, sondern auch des ersten deutschen Volksgartens. Bereits 1769, unter der Regentschaft des aufgeklärten Landesherrn Karl Theodor, wurde der älteste Teil des öffentlichen Hofgartens im damals noch freien Hinterland angelegt. Er diente nicht mehr der exklusiven Belustigung des Adels, sondern war als Flanierlandschaft für die Bürger der Stadt gedacht. Diese lechzten damals nach Verbesserungen, denn hinter ihnen lagen der Siebenjährige Krieg, der große Teile der Stadt zerstört hatte, und mehrere schlechte Erntejahre. Nicolas de Pigage hatte bereits Schloss und Park Benrath entworfen und machte sich nun daran, die zentrale Allee zwischen Schloss Jägerhof und dem Bassin anzulegen, in dem seit 1898 der *Jröne Jong* sprudelt. Der Baumeister aus Lothringen verließ sich, wie schon in Benrath, ganz auf die Gestaltungselemente des französischen Barockgartens mit seinem strengen geometrischen Stil. Er ließ Hecken pflanzen, Bänke, Statuen und Vasen errichten. Für Erfrischung der Promenierenden wurde im neu entstandenen Hofgärtnerhaus gesorgt.

Solch gartenparadiesische Zustände währten aber nur bis zur Besetzung Düsseldorfs durch französische Truppen während der Revolutionskriege im Jahr 1795. Kurz bevor Heine zur Welt kam, wurden im Hofgarten Schanzen angelegt, Bäume und Hecken abgeholzt und das Hofgärtnerhaus gesprengt. Nach dem Frieden von Lunéville von 1801 zeigte Kurfürst Maximilian Joseph sich aber sogleich um das grüne Düsseldorf besorgt. Die Festungsanlagen wurden geschleift, das Hofgärtnerhaus, heute Museum für die Theatergeschichte Düsseldorfs und der Region, wieder aufgebaut. Der kurkölnische Gartenbaumeister Maximilian Weyhe begann damit, die ehemalige Festungsstadt zu einer offenen Gartenstadt zu wandeln.

Diese neue Offenheit schlug sich auch in der Architektur des zentralen Düsseldorfer Parks nieder. Er sollte nicht mehr, wie es im französisch geprägten Barock üblich war, durch strenge Geometrie die Natur unterwerfen wie der absolutistische Herrscher sein Volk. Es entstand vielmehr ein landschaftlicher Garten nach englischem Vorbild,

Der Jröne Jong *am Ende der Jägerhofallee*

bestimmt durch wellenförmige Geländeverläufe, verschlungene We-
genetze und Wasserläufe; ein sattgrünes Stück Natur mit gelegent-
lichen ästhetischen Akzentsetzungen. Ein Terrain also, in dem Harry
Heine ungebremst durch starre Rabatten nach Vogelnestern und Kä-
fern suchen konnte,

> *die ihn gar sehr ergötzten, wenn sie lustig
> dahinsummten und sich der hübschen Welt
> erfreuten und zufrieden waren mit einem
> saftig-grünen Blättchen, mit einem Tröpfchen Tau,
> mit einem warmen Sonnenstrahl und mit dem
> süßen Kräuterduft. Damals war des Knaben Herz
> ebenso vergnügt wie die flatternden Tierchen.*

Spaziergänger, die es etwas intimer mögen als auf der breiten Jägerhofallee, können gewiss nachvollziehen, dass Heine auf der direkt neben der Düssel verlaufenden schmaleren Allee einst Muße für seine
Lieblingsbeschäftigung fand: das Lesen. Die genannte Lektüre entstammte der kurfürstlichen Bibliothek.

*Leben und Taten des scharfsinnigen Junkers
Don Quixote von La Mancha, beschrieben von
Miguel de Cervantes Saavedra' war das erste Buch,
das ich gelesen habe, nachdem ich schon in ein
verständiges Knabenalter getreten und des Buchstaben-
wesens einigermaßen kundig war. Ich erinnere mich
noch ganz genau jener kleinen Zeit, wo ich mich eines*

frühen Morgens von Hause wegstahl und nach
dem Hofgarten eilte, um dort ungestört den
‚Don Quixote' zu lesen. Es war ein schöner Maitag,
lauschend im stillen Morgenlichte lag der blühende
Frühling und ließ sich loben von der Nachtigall,
seiner süßen Schmeichlerin (...). Ich aber setzte mich
auf eine alte moosige Steinbank in der
sogenannten Seufzerallee unfern des Wasserfalls
und ergötzte mein kleines Herz an den großen
Abenteuern des kühnen Ritters."

Manche Helden der Heine'schen Vorstellungswelt erschienen allerdings auch ganz leibhaftig im Hofgarten. Etwa der bei Familie Heine einquartierte französische Tambour Le Grand, der dem Knaben
vor allem die neuere französische Geschichte nahebrachte:

*I*ch spreche vom Hofgarten zu Düsseldorf,
wo ich oft auf dem Rasen lag und andächtig
zuhörte, wenn mir Monsieur Le Grand von den
Kriegstaten des großen Kaisers erzählte und dabei
die Märsche schlug, die während jener Taten
getrommelt wurden, so daß ich alles lebendig
sah und hörte."

Und so war es auch nicht Einbildung, sondern Wirklichkeit, als Harry
Anfang November 1811 Napoleon höchstpersönlich im Hofgarten
sah und sogleich erkannte, welches Maß an Macht jener Mann bean-
spruchte, der sein Ross entgegen geltender Regeln mitten durch die
Allee lenkte:

Napoleons Einzug in Düsseldorf 1811

*A*ber wie ward mir erst, als ich ihn selber sah,
mit hochbegnadigten, eignen Augen ihn selber, Hosianna!
den Kaiser. Es war eben in der Allee des Hofgartens zu
Düsseldorf. Als ich mich durch das gaffende Volk drängte,
dachte ich an die Taten und Schlachten, die mir
Monsieur Le Grand vorgetrommelt hatte, mein Herz schlug
den Generalmarsch – und dennoch dachte ich zu gleicher
Zeit an die Polizeiverordnung, daß man bei fünf Taler
Strafe nicht mitten durch die Allee reiten dürfe.

Napoleon besuchte, von Wesel kommend, das von ihm geschaffene Großherzogtum Berg, um dessen Hauptstadt zu inspizieren. Über die nach ihm benannte Kaiserstraße, die den Hofgarten nach Norden hin abschließt, zog er in die Stadt ein. Auf einem Erdhügel soll er Halt gemacht und das Panorama Düsseldorfs betrachtet haben, weshalb diese im nördlichen Teil des Hofgartens gelegene Erhebung bis heute Napoleonsberg genannt wird. Für den bekennenden Napoleon-Verehrer Heine wurde 1953 just auf diesem Berg eine Gedenkstätte errichtet, ein Mädchentorso von Aristide Maillol mit Einfassung und Heine-Bronzerelief von Ivo Beucker. Den triumphalen Einzug des siegreichen Kaisers, der dem Rheinland viel Positives brachte, aber auch hohe Abgaben und Soldaten für den Russlandfeldzug forderte, schildert Heine in den glühendsten Farben:

Und der Kaiser mit seinem Gefolge ritt mitten durch die Allee, die schauernden Bäume beugten sich vorwärts, wo er vorbeikam, die Sonnenstrahlen zitterten furchtsam neugierig durch das grüne Laub, und am blauen Himmel oben schwamm sichtbar ein goldner Stern. Der Kaiser trug seine scheinlose grüne Uniform und das kleine welthistorische Hütchen. Er ritt ein weißes Rößlein, und das ging so ruhig stolz, so sicher, so ausgezeichnet – wär ich damals Kronprinz von Preußen gewesen, ich hätte dieses Rößlein beneidet. Nachlässig, fast hängend, saß der Kaiser, die eine Hand hielt hoch den Zaum, die andere klopfte gutmütig den Hals des Pferdchens – Es war eine sonnig-marmorne Hand, eine mächtige Hand, eine von den beiden Händen, die das vielköpfige Ungeheuer der Anarchie gebändigt und den Völkerzweikampf geordnet hatten – und sie klopfte gutmütig den Hals des Pferdes. Auch das Gesicht hatte jene Farbe, die wir bei marmornen Griechen- und Römerköpfen finden, die Züge desselben waren ebenfalls edel gemessen, wie die der Antiken, und auf diesem Gesichte stand geschrieben: Du sollst keine Götter haben außer mir.

Es waren wohl die positiven Erfahrungen seiner Kindheit unter französischer, bürgerliche Freiheiten garantierender Herrschaft, die Heines Einstellung zur Revolution, zu Napoleon, zu Frankreich überhaupt bedingt haben. Lange Zeit sah er in Napoleon nicht zuerst den kriegswütigen Diktator, sondern den Verbreiter der Freiheits- und Gleichheitsbotschaft der Französischen Revolution in ganz Europa. Heine hatte als Dichter beträchtlichen Anteil an der Entstehung einer deutschen Napoleon-Legende, die selbst die französische noch übertroffen haben soll. Doch bleibt das Napoleon-Bild bei Heine nicht ungebrochen. Der Staatsstreich vom 9. November 1799 (18. Brumaire VIII), der die Revolution beendete und Napoleon die Möglichkeit verschaffte, sich zum Alleinherrscher über Frankreich aufzuschwingen, wird von Heine in *Die Reise von München nach Genua* im Interesse eines differenzierten Bildes äußerst kritisch beurteilt:

Ich bitte dich, lieber Leser, halte mich nicht für einen unbedingten Bonapartisten; meine Huldigung gilt nicht den Handlungen, sondern nur dem Genius des Mannes. Unbedingt liebe ich ihn nur bis zum achtzehnten Brumaire – da verriet er die Freiheit. Und er tat es nicht aus Notwendigkeit, sondern aus geheimer Vorliebe für Aristokratismus. Napoleon Bonaparte war ein Aristokrat, ein adeliger Feind der bürgerlichen Gleichheit (...).

Heine hat bis in die Jahre seines Pariser Exils von der Franzosenherrschaft im Rheinland profitiert. Dass er als ehemaliger französischer Staatsbürger auf ein Residenzrecht für Frankreich pochen konnte, bewahrte ihn beispielsweise vor dem Zugriff durch die Preußen, die seine Schriften erst zensierten, dann verboten und Frankreich um Ausweisung des Dichters angingen. Nach dem Untergang Napoleons war das Großherzogtum Berg 1825 wieder von der Landkarte ver-

Die Jägerhofallee

schwunden und unter die Fuchtel Preußens geraten. Die Franzosen waren vertrieben, Düsseldorf wurde zur Hauptstadt eines preußischen Regierungsbezirks, verlor allen Glanz und büßte viele Fortschritte ein, darunter die für Heine so bedeutsame Gleichstellung der Juden. In entsprechend triste Klangfarben kleidet der Student Heine einen Hofgarten-Spaziergang:

E s war ein klarer, fröstelnder Herbsttag,
als ein junger Mensch von studentischem Ansehen
durch die Allee des Düsseldorfer Hofgartens lang-
sam wanderte, manchmal, wie aus kindischer Lust,
das raschelnde Laub, das den Boden bedeckte,
mit den Füßen aufwarf, manchmal aber auch
wehmütig hinaufblickte nach den dürren Bäumen,
woran nur noch wenige Goldblätter hingen.

Vieles hat sich verändert. Die Familie Heine lebt nach dem Niedergang des Tuchhandels nicht mehr in Düsseldorf. Schuld daran waren die Kontinentalsperre und die nachfolgende europäische Finanzkrise, die dem Handel sehr geschadet hatten. Ein privater Schicksalsschlag kam hinzu: Samson Heine litt unter Epilepsie, konnte seinen Beruf bald nicht mehr ausüben und musste 1819 Konkurs anmelden. 1820 wird das Haus in der Bolkerstraße verkauft, die Familie zieht mit Hilfe des reichen Hamburger Onkels, des Bankiers Salomon Heine, gen Norden, in Samsons Heimat. Erst nach Hamburg, dann nach Lüneburg, wo es heute am Ochsenmarkt ein Heinrich-Heine-Haus gibt, dann 1828 wieder nach Hamburg. Beide Eltern werden dort auf verschiedenen Friedhöfen begraben; Samson 1828, Betty Heine, die ihren Mann und den ältesten Sohn überlebt, 1858.

Harry Heine hat diese letzte, von Krankheit und Konkurs bestimmte traurige Düsseldorfer Phase seiner Familie nicht unmittelbar miterlebt. Nach einer Kaufmannslehre in Frankfurt und Hamburg kehrte er

Maximilian-Weyhe-Denkmal im Hofgarten

vor Beginn seines Jura-Studiums, das er zum Wintersemester 1819 in Bonn antritt, nur noch einmal kurz in seine jetzt preußisch regierte Vaterstadt zurück. Die Mertensgasse und der jüdische Friedhof waren wohl seine letzten Stationen:

*I*ch hatte die lieben Gräber besucht. Von allen lebenden Freunden und Verwandten hatte ich nur einen Ohm und eine Muhme wiedergefunden. Fand ich auch sonst noch bekannte Gestalten auf der Straße, so kannte mich doch niemand mehr, und die Stadt selbst sah mich an mit fremden Augen, viele Häuser waren unterdessen neu angestrichen worden, aus den Fenstern guckten fremde Gesichter, um die alten Schornsteine flatterten abgelebte Spatzen, alles sah so tot und doch so frisch aus, wie Salat, der auf einem Kirchhofe wächst (...).

Besonders übel stößt ihm der Ungeist der Restauration auf, der Düsseldorf erfasst hat:

(...) wo man sonst französisch sprach, ward jetzt preußisch gesprochen, sogar ein kleines preußisches Höfchen hatte sich unterdessen dort angesiedelt, und die Leute trugen Hoftitel, die ehemalige Friseurin meiner Mutter war Hoffriseurin geworden, und es gab jetzt dort Hofschneider, Hofschuster, Hofwanzenvertilgerinnen, Hofschnapsladen, die ganze Stadt schien ein Hoflazarett für Hofgeisteskranke.
Nur der alte Kurfürst erkannte mich, er stand noch auf dem alten Platz; aber er schien magerer geworden zu sein. Eben weil er immer mitten auf dem Markte stand, hatte er alle Misere der Zeit mit angesehen, und von solchem Anblick wird man nicht fett.

Im Hofgarten gibt es, so jedenfalls ist es im Reisebild *Das Buch Le Grand* nachzulesen, noch ein Wiedersehen mit dem Trommler Le Grand. Auch diese vormals so imposante Gestalt gibt jetzt ein gespenstisches Bild ab, sie „schien halb verwest aus dem Grabe gestiegen zu sein", zeigte „ein verstorben gelbes Gesicht" und einen Schnurrbart, der „wehmütig herabhing". Le Grands Trommelwirbel, der Harry auf dem Rasen des Hofgartens einst „die französische Sprache und die neuere Geschichte dozierte", beginnt als feurige Erinnerung an die alten freiheitlichen Ideale und endet als „getrommelte Thränen ". Auch der Trommler ist an Heines letztem Tag in Düsseldorf nurmehr der Schatten einer glorreichen Vergangenheit, die es durch beherztes Eingreifen vor Beschmutzung zu bewahren gilt:

(...) er saß wie im Traume und bewegte mit seinen
Trommelstöcken nur die Luft und horchte wie auf
ferne Stimmen, und endlich schaute er mich an, mit einem
tiefen, abgrundtiefen, flehenden Blick –
ich verstand ihn –, und dann sank sein Haupt
herab auf die Trommel.
Monsieur Le Grand hat in diesem Leben nie mehr
getrommelt. Auch seine Trommel hat nie mehr
einen Ton von sich gegeben, sie sollte keinem Feinde
der Freiheit zu einem servilen Zapfenstreich dienen,
ich hatte den letzten, flehenden Blick Le Grands
sehr gut verstanden und zog sogleich
den Degen aus meinem Stock und
zerstach die Trommel.

Theatermuseum
Jägerhofstraße 1 • Tel. (02 11) 8 99 61 30
www.duesseldorf.de/theatermuseum

Bilker Straße

Der diskrete Charme der Carlstadt.

In Heines Institut und in Heines Gesellschaft.

Ein gutes Pflaster für Kunst und Kultur.

Carlstadthaus mit Heine-Zitat

Die Stadt Düsseldorf
ist sehr schön,
und wenn man
in der Ferne
an Sie denkt
und zufällig
dort geboren ist,
wird einem
wunderlich zumute.
Ich bin dort geboren,
und es ist mir,
als müsste ich
gleich nach Hause gehen.

Heinrich Heine 1826

Auf Heines Spuren darf die Bilker Straße nicht ausgelassen werden. Sie beginnt direkt am Carlsplatz, der den Rathausvorplatz längst als Marktplatz abgelöst hat, und geht durch bis zum Schwanenmarkt mit dem Heine-Monument von Bert Gerresheim. Die Carlstadt ist zwar bedeutend jünger als die angrenzende Altstadt, sie wirkt aber ebenfalls sehr alt – dies natürlich im besten Sinne: blankgefahrenes Kopfsteinpflaster, zweigeschossige geputzte Bürgerhäuser und noble Stadtpalais, vornehme Antiquitätengeschäfte und Galerien, ausgesuchte Lokale und Delikatessengeschäfte mit appetitlichen, stilllebenartigen Auslagen, etwa das traditionsreiche Kontor Münstermann auf der Hohe Straße.

Dieses gediegene Pflaster, das sich auch mit seinen gradlinigen Straßen und ruhigen Innenhöfen von der um vieles schnelllebigeren und geräuschvolleren Altstadt absetzt, haben die Düsseldorfer ihrem Kurfürsten Karl Theodor zu verdanken, einem Großneffen Jan Wellems und dessen Nachfolger im Amt. Er wollte die blühende, aus den Nähten platzende Hauptstadt des Herzogtums Jülich-Berg erweitern und beschloss 1758 den kompletten Neubau eines Stadtviertels für Kaufleute, Beamte, Handwerker und Offiziere. Eigentlich war es nach damaliger Größenordnung schon eine ganze Stadt, wie zeitgenössische Reisende, darunter der berühmte Naturforscher und Schriftsteller Georg Forster, beeindruckt vermerkten.

Düsseldorf war zu dieser Zeit nicht nur Verwaltungsmetropole, sondern auch Winterquartier für die landadeligen Familien aus der Umgebung, deren Stadthäuser bevorzugt in der Carlstadt am südlichen Stadtrand standen. Harry Heine, der nur um die Ecke wohnte und zur Schule ging, wird das Viertel auf der Suche nach neuen Eindrücken erfolgreich durchstreift haben.

Der Pflege und Verbreitung dessen, was sich zum Teil gewiss auch diesen Streifzügen verdankt, hat sich das seit 1974 im ehemaligen Palais Salm-Reifferscheidt in der Bilker Straße angesiedelte Heinrich-Heine-Institut verschrieben. Es ist entstanden aus der Handschriftenabteilung der Landes- und Stadtbibliothek Düsseldorf, der ehemals

Hauseingang in der Carlstadt

kurfürstlichen, von Karl Theodor gestifteten Bibliothek, an deren viele tausend „mächtige Bücher" Heine in *Ideen. Das Buch Le Grand* zurückdenkt. Hier schlägt das Herz der internationalen Heine-Forschung. Das Institut beherbergt beeindruckende Archiv- und Bibliotheksbestände und lädt mit einer ständigen Ausstellung in die Geistes- und Alltags-Welt seines Namensgebers ein. Mehrere Räume zeigen die Vielschichtigkeit von Werk und Leben des berühmten Düsseldorfers, von den idyllischen Düsseldorfer Anfängen bis zum bitteren Ende auf dem Pariser Krankenlager – von den aus dem Kellergewölbe des Geburtshauses auf der Bolkerstraße stammenden „Steinen des Anstoßes" über Heines Schreibfeder, Opernglas und Visitenkarte bis hin zur ebenfalls im Institut bewahrten Totenmaske. Museumsführungen und ein rei-

Eingang der Schumann-Gedenkstätte

Das Obergeschoss des Heine-Instituts mit Loreley-Textfahnen

ches Veranstaltungsprogramm wenden sich nicht nur ans Fachpublikum, sondern auch an die breite Öffentlichkeit. Letztere für das Werk Heines zu begeistern, ist das oberste Anliegen der am 17. Februar 1956, dem 100. Todestag Heines, gegründeten Heinrich-Heine-Gesellschaft. Sie zählt mit über 1200 Mitgliedern in aller Welt zu den großen literarischen Gesellschaften Deutschlands und arbeitet eng mit dem Institut zusammen. Alle drei Jahre verleiht sie eine Ehrengabe an Persönlichkeiten, die im Geiste Heines tätig sind.

Heines Institut ist nicht die einzige, ganz der Kultur gewidmete Einrichtung, die auf der Bilker Straße besucht werden kann. 2003 wurde im gegenüberliegenden Haus Nr. 15 in der letzten gemeinsamen Wohnung von Robert Schumann und seiner Frau, der berühmten Pianistin Clara Schumann, eine Gedenkstätte eingerichtet. Schumann, ab 1850 Städtischer Musikdirektor in Düsseldorf, hat Heine persönlich gekannt, verehrt und mehrere seiner frühen Gedichte sehr erfolgreich vertont.

Musik gibt es auch wenige Schritte weiter im Palais Wittgenstein, einem feinen kleinen Kulturzentrum mit Kammermusiksaal und einem antiken belgischen Metzgerladen als originelles Café. Im selben Palais spielt das Marionetten-Theater als feste Düsseldorfer Größe Stücke für Kinder und Erwachsene, und auch das ebenfalls hier eingerichtete Institut Français ist zu erwähnen – wie einst der Exilant Heinrich Heine ein lebendiger Mittler zwischen Deutschland und Frankreich.

Als das Heine'sche Geburtshaus vom *Schnabelewopski* zum *Heine Haus* mutierte, ist auch das Literaturbüro NRW mit ausgezogen und jetzt auf der Bilker Straße zu Hause. Im ehemaligen Rahmenmuseum Conzen hat es Quartier gefunden, zwischen uralten Rahmen, antiken Möbeln und Kronleuchtern, mit einem Veranstaltungsraum für Schreibwerkstätten, Lesungen und Diskussionen mit regionalen, nationalen und internationalen Autoren. Gegrübelt wird hier über immer neue Ideen für die jährliche *Lange Nacht der Düsseldorfer Literatur,* doch lädt man auch zu kleinen, leisen Abenden mit Texten und Wein.

Heinrich-Heine-Institut
Bilker Straße 12–14 • Tel. (02 11) 8 99 55 71
geöffnet Di–Fr 11–17, Sa 13–17, So 11–17 Uhr
www.duesseldorf.de/heineinstitut

Heinrich-Heine-Gesellschaft
Bilker Str. 12–14 • Tel. (02 11) 8 99 60 09
www.heinrich-heine-gesellschaft.de

Schumann-Gedenkstätte
Bilker Straße 15 • Tel. (02 11) 13 32 40
(Karten für die Gedenkstätte gibt es im Heine-Institut zu den o.g. Öffnungszeiten)
www.schumann-gesellschaft.de

Palais Wittgenstein mit Kammermusiksaal, Café, Marionetten-Theater, Institut Français
Bilker Straße 7–9; Tel. (02 11) 8 99 61 09

Literaturbüro NRW
Bilker Straße 5 • Tel. (02 11) 8 28 45 90
www.literaturbuero-nrw.de

Treppenhaus im Heine-Institut

Blick in die ständige Ausstellung des Instituts

Schwanenmarkt

Ein Denkmal, das mehr will als bloß gefallen.

Manch einer weiß nicht, was es bedeuten soll.

Der Dichter darf betreten werden.

Rosen für einen Poeten mit vielen Widersprüchen.

Ein Detail in Gerresheims Denkmal:
Trommel und Stöcke des Tambours Le Grand

Nur wenige Spazierminuten vom Heine-Institut entfernt trifft man auf die kleine Grünfläche am Schwanenmarkt. Hier, wo es der stark befahrenen Haroldstraße wegen passenderweise nicht allzu idyllisch zugeht, ist an Heines 125. Todestag – man schrieb das Jahr 1981 – etwas geschehen, was viele lange gewünscht, manche jedoch ebenso ausdauernd ausgesessen hatten: Am 17. Februar des genannten Jahres wurde am Schwanenmarkt ein Denkmal für Heinrich Heine eingeweiht, gedacht als Zeichen der Identifikation der Düsseldorfer Bürger mit dem anderswo schon längst hoch geehrten Sohn ihrer Stadt. Zugleich erfüllte sich eine Prophezeiung Heines:

*W**ie es mir im Alter gehen wird?*
Ehrlich gesagt, ich wage nicht, daran zu denken!
Ich werde wahrscheinlich die Zahl jener edelsten
und größten Männer Deutschlands vermehren,
die mit gebrochenem Herzen
und zerrissenem Rock ins Grab steigen.
In Düsseldorf wird mir dann wohl
ein Monument gesetzt werden.

Bereits bei der Einweihung schlossen die Festredner nicht aus, dass dieses Denkmal Widerspruch und Ablehnung hervorrufen könnte. Ein Bruch mit den Erwartungen war es allemal, nicht den jungen Heine aufs Podest zu heben, lorbeergekrönt, mit einer an Schiller und Goethe gemahnenden Eleganz, sondern den Heine der Matratzengruft in Bronze zu gießen. Es war ein kühnes Unternehmen und mit seinen Ausmaßen – bald vier Tonnen schwer und zwei Meter hoch auf einem Fundament von acht mal fünf Meter ruhend – wahrhaft monumental. Die Stadt Düsseldorf erreichten viele Glückwünsche zu diesem „großen Wurf", der modern, interessant und provozierend schien, allesamt übrigens Heine'sche Kategorien. Aber die Bürgerschaft der Stadt, die nach dem Einweihungs-Festakt zum Schwanenmarkt kam, um die überdimensionierte Totenmaske mit den eingefallenen Wangen und Augenhöhlen einer näheren Betrachtung zu unterziehen, zeigte sich uneins. Einige machten sich lustig, andere spotteten, viele zitierten eine der berühmtesten Verszeilen Heines: „Ich weiß nicht, was soll es bedeuten …"

Der Düsseldorfer Bildhauer Bert Gerresheim hat das gewaltige Profil des toten Dichters der Länge nach gespalten und einige Teilstücke davon auf dem Rasen des kleinen Parks verteilt. Das Ergebnis bietet wahrlich keine Ansatzpunkte für Spekulationen darüber, wie groß Heine war und wie dick, welche Frisur und Kleidung er trug. Es historisiert nicht, sondern führt mit vielen Symbolen in die Gedankenwelt des Dichters hinein. Nimmt man das Monument aus unmittelbarer Nähe in den Blick, erkennt man, wie sich der niedrige Betonsockel zu einer Fläche auswächst, in der es einiges Zubehör aus dem Leben Heines zu entdecken gibt. Etwa Trommel und Stöcke des Trommlers Le Grand, der Harry für die Ideen der französischen Revolution begeisterte; Schuhe und Schuhspanner als Verweis auf Heines Frau Mathilde, eine lebenslustige ehemalige Pariser Schuhverkäuferin; die Decken des Pariser Krankenlagers und ein Reißverschluss als Sinnbild für den zerrissen genannten Heine – zerrissen zwischen Liebe zu Deutschland und der ätzenden Kritik am politisch rückständigen deutschen Michel; zwischen Melancholie und Witz, Pathos und Ironie, Romantik und Aufklärung; zwischen sozialer Parteinahme und dem Waschzwang, den

Heine-Denkmal am Schwanenmarkt

Die Totenmaske Heinrich Heines – Kernstück von Gerresheims Arbeit

der Dichter schon bei der Vorstellung verspürt, das gemeine Volk wolle ihm die Hand drücken. Heine war ein Mensch mit vielen Widersprüchen, was seine Einordnung schwierig macht. Dieser Spannung wegen lieben ihn viele, Verächtern war und bleibt er dafür suspekt.

Die Fantasie des Betrachters wird angeregt, die vielen Puzzlestücke zu verbinden, also eher ein Monument zum Denken denn zum Andenken, ein Denk- und Fragemal. Ganz zusammen bekommt man es nie, aber auch das sagt mehr über die Hintergründigkeit von Person und Werk aus als ein traditionelles, optisch gefälliges Dichterdenkmal es könnte.

Wer Heine am Schwanenmarkt besucht ist eingeladen, die Bronzelandschaft zu betreten. Ein drei Meter hohes Gestänge grenzt das Monument ein und erinnert an die kerkerartige Situation des kranken Heine oder an jenen Glaskasten, unter dem die Totenmaske im Heine-Institut verwahrt wird. Das Gerüst darf erklettert werden, denn nur wer aus der Deckung kommt und dem Dichter nahe rückt, erkennt die feine Durcharbeitung der von Weitem findlingshaft wirkenden Teile, die faltigen Tuch- und Netzgebilde, mit denen Bert Gerresheim nach Heines Vorbild verhüllt und enthüllt.

Immer wieder liegen Blumen am Heine-Monument, manchmal offizielle Gebinde, öfter kleine Sträuße, einzelne Rosen, die Heine-Freunde hier ablegen. Zum Geburtstag am 13. Dezember, zum Todestag am 17. Februar oder einfach, weil man gerade in der Nähe ist. Mittlerweile lieben viele Düsseldorfer ihren Heine, aus unterschiedlichen Gründen und mit unterschiedlichen Absichten. Bert Gerresheims Arbeit wurde durch den legendären Düsseldorfer Galeristen Hans-Jürgen Niepel aus der Carlstadt angeregt, von der Kunstgießerei Kittl im Hafen gefertigt und von dem Münchner Bankier Stefan Kaminski überhaupt erst möglich gemacht. Künstler und Mäzen haben das im Guten wie im Schlechten als anstößig empfundene Werk der Stadt zum Geschenk gemacht.

Heinrich-Heine-Universität

Ein Heine-Denkmal, das alle lieben.

Ein Professor macht mobil oder

Der lange, seltsame Streit um die Benennung

der Universität nach Heine.

Im Ausland wundert man sich auch, aber dann wird alles gut.

Alles Heine, oder was?

Ein Posten ist vakant.

Nachguss des Heine-Denkmals von
Hugo Lederer auf dem Campus der Universität

Dem Monument am Schwanenmarkt waren vielfältige Bemühungen für ein Heine-Denkmal in Düsseldorf vorausgegangen. Zunächst versuchte es ein Komitee Düsseldorfer Bürger, doch fielen die von einem Berliner Bildhauer besorgten Entwürfe bei der preußischen Regierung durch. Es scheiterten auch ungleich prominentere Fürsprecher wie die österreichische Kaiserin Elisabeth, Sissi genannt, eine große Verehrerin Heines, die sich als eine Art Wiedergängerin des Dichters betrachtete. Ihr Denkmalsvorschlag wurde 1887 in Düsseldorf aus antisemitischen Gründen abgelehnt.

Nicht anders erging es dem Bildhauer Georg Kolbe, der 1932 zunächst einen Heine-Denkmalswettbewerb mit seinem knienden Jüngling für sich entscheiden konnte. Dessen Aufstellung wurde dann aber von den Nazis vereitelt. Der Jüngling überstand die NS-Zeit in einem Versteck und wurde 1949 zwischen Tonhalle und Ehrenhof doch noch aufgestellt, gegenüber dem heutigen NRW-Forum. Als Heine-Denkmal konnte sich diese Figur jedoch in der Bevölkerung nie wirklich durchsetzen. Sie provozierte lediglich die Frage, worin der Bezug zu Heine bestehen soll, außer dass er einst ein Jüngling und unter seiner Kleidung mutmaßlich nackt war. Auf dem Maxplatz in der Altstadt, ganz in der Nähe des alten, von Heine besuchten Lyzeums, gibt es seit 1982 einen Heimatbrunnen, in den Heines Konterfei integriert ist. Es lugt, ebenso wie jene anderer prominenter Düsseldorfer, zwischen fünf Reliefplatten hervor, die große Ereignisse der Stadtgeschichte thematisieren. Doch erst der Universität, die sich nach langen quälenden Diskussionen 1988 den Namen Heinrich Heines gab, ist es gelungen, ein Denkmal anzusiedeln, das breiten Zuspruch erfährt. Seit 1994 steht auf dem Vorplatz der Universitäts- und Landesbibliothek eine lebensgroße Bronzefigur Heinrich Heines mit Blick auf Geisteswissenschaften, Jurisprudenz und auf eine Wiese, die von den Studenten gern zur Erholung vom wissenschaftlichen Geschäft genutzt wird. Es handelt sich um einen Nachguss des von den Nationalsozialisten eingeschmolzenen Hamburger Heine-Denkmals von Hugo Lederer. Kaum ein Absolvent, der sich nicht nach bestandenem Examen hier fotografieren lässt, kaum eine Studentin, die nicht schon einmal auf dem niedrigen Sockel eine Pause einge-

Heimatbrunnen am Maxplatz

legt hat – und kaum ein Dozent, der Gäste nicht gerne zum Erinnerungsbild dorthin führt.

Von derart einvernehmlichen Zuneigungsbekundungen gegenüber Heine war 1966 an der gerade gegründeten Universität Düsseldorf noch nichts zu spüren. Damals kam zum ersten Mal die Idee auf, Heine zum Namenspatron zu machen; 1968 wurde aus dieser Idee eine Mission, getragen und forciert von vielen Studenten und wenigen Professoren, darunter der eben erst berufene Germanist Manfred Windfuhr. Der spätere Herausgeber einer der beiden maßgeblichen Heine-Gesamtausgaben – der historisch-kritischen Düsseldorfer Heine-Ausgabe (DHA) – schlug allen Düsseldorfer Professoren und wissenschaftlichen Mitarbeitern in einem Schreiben kurzerhand vor, die Universität nach Heine zu benennen. Der als Musterbeispiel eines europäischen Intellektuellen geltende Dichter sollte zur Identifikationsfigur für Aufbruch und Erneuerung von Hochschule und Gesellschaft werden, doch formierte sich heftiger Widerstand, auch von älteren Medizinprofessoren, darunter manche mit NS-Vergangenheit. Andere wiederum konnten mit Heines modernem Literaturverständnis nichts anfangen und hielten ihn für eine windige, unseriöse Figur. Die Beschäftigung mit dem Dichter, der sich für Emanzipation und Demokratisierung einsetzte und es nebenbei verstand, ernste Themen unterhaltsam und anspruchsvoll zugleich abzuhandeln, war mithin dringlicher denn je. So kam in dieser Zeit die Heine-Forschung durch die Düsseldorfer Germanistik enorm voran – als bestmögliche, auch international weite Kreise ziehende Werbung für den Autor. Dieser war übrigens auch ein Meister der Universitätssatire, wie in seiner 1926 veröffentlichten *Harzreise* zu lesen ist. Den Düsseldorfer Stoff hätte er gewiss gebührend zu bearbeiten gewusst.

Als der Streit schon mehrere Jahre andauerte und der Satzungskonvent die Namensänderung ablehnte, begann man sich dann auch im Ausland zu wundern, warum ausgerechnet die Universität seiner Geburtsstadt sich so schwertat mit dem guten Namen Heines, der längst zum Synonym für Scharfsinn, Skepsis, Witz, Frechheit und Frische geworden war. Seine Verfechter – die Studenten, die Bürgerinitiative Heinrich-Heine-Universität, die Heine-Gesellschaft, die Heine liebenden und lehrenden Professoren Manfred Windfuhr und Wilhelm Gössmann, welche die erste Heine-Büste in der Fachbibliothek Germanistik

Der Heine-Stein *vor dem Hörsaal 3A zitiert die letzte Strophe des Gedichts* enfant perdu

aufstellten, schließlich auch der damalige Rektor — ließen indes nicht locker, sodass der zwei Jahrzehnte während Streit 1988 schließlich glücklich endete, indem der Senat mit großer Mehrheit die Namensänderung beschloss. Diesseits wie jenseits der Landesgrenzen gab es dafür Applaus, außerdem in den Folgejahren manche Veränderung für die Universität, an der es nun galt, dem Namen alle Ehre zu machen: eine Heinrich-Heine-Gastprofessur, eine Heine-Büste für den Rektoratsflügel, ein Heine-Graffito für die Cafete der Philosophischen Fakultät, einen Heine-Saal für die Studentenwohnanlage Campus-Süd, Heine-Texte für jeden neuen Studenten und auch ein Orchester namens Heinrich-Heine-Symphoniker. Aber reicht dies alles als Nachweis, dass die Universität Heines Namen zu Recht trägt?

Auf dem Weg von der Bibliothek in Richtung Mensa fällt noch eine Steintafel ins Auge, genauer gesagt ein drei Tonnen schwerer und

zwei Meter hoher Schieferblock. Es handelt sich, natürlich, um den Heine-Stein, der auf Initiative Wilhelm Gössmanns und der Studenten vor der Außenwand des Hörsaals 3 A platziert wurde – genau dort, wo die Studenten sich einst immer wieder versammelt hatten, um für die Heinrich-Heine-Universität zu demonstrieren. Dieser beziehungsreiche Haltepunkt zitiert die letzte Strophe aus *enfant perdu,* einem Selbstverabschiedungs-Gedicht Heines aus der Rolle des heroischen Freiheitskämpfers auf verlorenem Posten:

*E*in Posten ist vakant! – Die Wunden klaffen –
Der eine fällt, die andern rücken nach –
Doch fall ich unbesiegt, und meine Waffen
Sind nicht gebrochen – nur mein Herze brach.

Die Wurzeln der Düsseldorfer Universität, an der es gegenwärtig recht ruhig geworden ist um Heine, liegen übrigens in dessen Düsseldorfer Zeit. 1811, als Heine das Lyzeum auf der Schulstraße besuchte, unterzeichnete Napoleon ein Dekret zur Gründung einer Universität im damals französisch besetzten Herzogtum Berg, doch verhinderten die politischen Wirren der Zeit die Umsetzung. 1907 wurde in Düsseldorf zunächst eine medizinische Akademie errichtet, bis die Landesregierung 1965 deren Erweiterung zur Volluniversität beschloss. Diese wurde im Februar 1966 eröffnet – und mit ihr die Diskussion und der Streit um die Benennung nach Heine.

Das Heine-Denkmal aus anderer Perspektive

Heines geistige Verbindungen zu Düsseldorf

Dichten und Denken im Malkastenpark.

Immermann reformiert das Theater

und lobt Heine über den grünen Klee.

Wie und wo Grabbe litt, stritt und trank.

Freiligrath fasst Politisches in Verse

und mischt sich unter die Rebellen.

Schumann bewundert Heine, dessen Musikkritiken aber nicht.

Wasserspiele und Brunnen im Garten der Brüder Jacobi in Pempelfort

Die Düsseldorfer Spuren Heines haben unmittelbar vor und nach ihm einige berühmte Persönlichkeiten der Literatur- und Musikgeschichte gekreuzt, und es lohnt, auch diesen zu folgen, um etwas über das damals vielfältige Geistesleben der Stadt zu erfahren.

Goethe beispielsweise war 1774 erstmals nach Düsseldorf gereist, um bei den Brüdern Friedrich und Johann Georg Jacobi in Pempelfort Station zu machen. Die beiden Söhne eines vermögenden Düsseldorfer Zuckerfabrik-Besitzers hatten ihren Stammsitz im Haus Marktstraße 11, zogen sommers aber auf ihren Landsitz am Hofgarten, um dort zu schreiben und zu philosophieren. Ihr legendäres Haus war im ausgehenden 18. Jahrhundert ein Treffpunkt für jene, die damals dichteten und dachten, darunter Herder, Wieland und die Humboldt-Brüder. Die richtige Adresse also für Goethe, der gerade die erste Fassung von *Die Leiden des jungen Werthers* abgeschlossen hatte und noch ein vorklassischer Stürmer, Dränger, junger Wilder war. Der Begriff der Freundschaft wurde damals groß geschrieben, und eine solche entwickelte sich dann auch zwischen den Jacobi-Brüdern und jenem Mann, dem sehr viel später wenige Hausnummern weiter in Schloss Jägerhof, dem ehemaligen Sitz des Oberjägermeisters, ein Museum eingerichtet wurde. Eine eher museale Figur war Goethe übrigens auch schon für Heine, der den Dichterfürsten während einer Harzreise im Oktober 1824 in Weimar besuchte. Viel hatten sich die beiden offenbar nicht zu sagen; der eine war nicht mehr jung und wild, blieb auf Distanz und hielt fest am klassischen Korsett, das der andere zugunsten freierer Atemzüge längst gelockert hatte, um ein neues und besseres Lied zu dichten.

Immermanns Abbild im Goltsteinparterre des Hofgartens

Goethebüste im Garten der Brüder Jacobi

Wie den Landsitz der Jacobis ereilte auch das benachbarte alte Gebäude des 1848 gegründeten Künstlervereins Malkasten die Zerstörung durch den Zweiten Weltkrieg. Letzteres wurde durch einen neuen Entwurf der Architekten Hentrich und Heuser ersetzt und ist bis heute mit Bar, Restaurant, Biergarten und Räumen für Ausstellungen, Symposien und Festen gesellig geblieben. Beim Wiederaufbau des roséfarbenen, ebenfalls vom Künstlerverein genutzten Jacobihauses nebenan ging es originalgetreu zu. Der dazugehörige wildromantische Landschaftsgarten, in dem eine Büste Goethes nicht fehlen darf, kann tagsüber besichtigt werden.

Nicht allzu weit vom Haus der Jacobi-Brüder entfernt befand sich in den dreißiger Jahren des 19. Jahrhunderts ebenfalls ein für das geistig-literarische Leben bedeutender Treffpunkt, diesmal um den Autor und Theaterreformer Karl Leberecht Immermann. Er lebte seit 1827 in Düsseldorf und unterhielt mit Heinrich Heine, der die Stadt zu dieser Zeit längst verlassen hatte, einen Briefwechsel. Immermann, selbst Verfasser einiger – nicht sehr erfolgreicher – Theaterstücke, mehrerer Romane und Reiseberichte, war früh für Heines Lyrik entflammt und trug mit seinen Rezensionen wesentlich zu dessen Karriere bei. Heine ist also mit Sicherheit Thema gewesen bei den literarisch geprägten Zusammenkünften auf dem von Immermann bewohnten Gut Collenbach in Derendorf.

Von diesem Gut, damals außerhalb der Stadt an der Stelle der heutigen Kreuzkirche gelegen, nahe der Kreuzung Nord- und Collenbachstraße, ist nichts erhalten geblieben. Dafür aber manches Detail aus dem Wirken Immermanns, der die Düsseldorfer Bühne reformierte, den Kunstverein mit begründete und Kontakte zu Schadow und der Akademie pflegte. Schadow höchstselbst porträtierte ihn einmal; das Ergebnis kann im Stadtmuseum in Augenschein genommen werden. Bis zu seinem Tod wohnte Immermann im Haus Ratinger Straße 45. Das Originalhaus wurde abgerissen und durch ein Geschäftshaus ersetzt, an dessen Fassade eine Marmortafel an den Theaterreformer erinnert. Begraben wurde er auf dem nördlichen Teil des Golzheimer Friedhofs.

Folgende Doppelseite: Der Landsitz am Hofgarten, den Friedrich und Johann Georg Jacobi in den Sommermonaten bewohnten

Buch der Lieder

von

H. Heine.

Hamburg
bei Hoffmann und Campe.
1827.

Der für Düsseldorfs geistiges Leben so wichtige, wenngleich etwas beamtische Immermann war es, der einst Christian Friedrich Grabbe in die Stadt holte und sich seiner annahm. Der avantgardistische, aber tief pessimistische Dramatiker mit den ebenfalls dramatischen Lebensumständen wohnte in der Altstadt im Haus Ritterstraße 21: „In diesem Hause litt und stritt der Dichter C. D. Grabbe 1834–1836", fasst eine Gedenktafel die kurze, aber heftige Düsseldorfer Zeit zusammen, die für Grabbe enttäuschend ausfiel. Als Hausautor wollte er für das von Immermann reformierte Düsseldorfer Theater arbeiten, doch ließ der Reformator ihn bloß Kopistendienste erledigen. Grabbe hatte in Berlin studiert und dort Heine kennengelernt, der sich in seiner Studentenzeit an der Spree einem Kreis junger Dichter anschloss, darunter ein „höchst begabter Schriftsteller, Dietrich Grabbe", wie Heine notiert. Den talentierten Grabbe hinderte allerdings nicht nur der lähmende Geist der Restauration und die fehlende Aufgeschlossenheit Immermanns, sondern auch eine verhängnisvolle Vorliebe, die er mit einem Düsseldorfer Freund, dem auf der Poststraße Nr. 27 logierenden Komponisten Norbert Burgmüller, teilte: Beide tranken sich exzessiv durch die Kneipen am Düsseldorfer Kohlentor, der ehemaligen Rampe, die vom Burgplatz zum Rheinufer führte, und machten durch ihre Zechkumpanenschaft reichlich von sich reden.

In welchem Maße ein anderer schreibender Zeitgenosse Heines, Ferdinand Freiligrath, dem Alkohol zusprach, ist nicht en detail überliefert, doch ist im Herzen von Bilk eine Gaststätte nach ihm benannt. Direkt gegenüber der Kirche St. Martin, im Eckhaus Neusser Straße 133, trinkt und tafelt man heute im *freiligrath* genau dort, wo der Namensgeber 1850/51 lebte. Wie Heine zählte er zu den wenigen demokratisch gesinnten Autoren des 19. Jahrhunderts, und teilte folglich auch das Schicksal vieler Mitstreiter, zensiert, wechselweise verfolgt, verhaftet und wieder freigelassen zu werden, um sich schleunigst außer Landes in Sicherheit zu bringen. Die zunehmend politischen Züge der Gedichte und Prosatexte Heines beeinflussten die Lyriker des sogenannten Vormärz, der Zeit vor der (gescheiterten) deutschen Revolution im März 1848. Dies galt auch für Freiligrath,

Die Titelseite von Heines Bestseller
Das Buch der Lieder

der Heine als „Chef einer der Hauptrichtungen neuester deutscher Lyrik" ansah. Zeitgemäßer Tenor von Freiligraths immer radikaler tönenden politischen Gedichten: Deutschland ist reif für eine Revolution. Um 1848 hielten sich in Düsseldorf einige Autoren auf, die dieser Meinung zustimmten. Ferdinand Lasalle beispielsweise, der Begründer der deutschen Arbeiterbewegung, wohnte zeitweise in der Friedrichstadt und im Norden in Schloss Kalkum.

Als die ersehnte Revolution 1848 tatsächlich ausbrach, mischte Freiligrath sich in Düsseldorf sogar selbst unter die rebellierende Menge. Im Oktober 1848 wurde ihm dort der Prozess wegen „Aufreizung zu hochverrätherischen Unternehmungen" gemacht. Freigesprochen, setzte er sich nach Holland ab und kehrte 1850 nach Düsseldorf zurück, das er schon bald wieder wegen kritischer Veröffentlichungen verlassen musste. Getroffen haben Heine und Freiligrath sich übrigens nie; ein Versuch Freiligraths, Heine 1846 in Paris zu besuchen, schlug fehl, und als Dichter hielt Heine ohnehin Distanz zu den schreibenden Barrikadenstürmern. Er bewies großes gesellschaftliches Engagement, betonte zugleich jedoch die Autonomie der Poesie, die fern jeder tagespolitischen Dienstbarkeit eben kein „Schlachtpferd der Parteiwut" sei, das „pathetisch stampft und wiehert".

Heines erster großer Publikumserfolg war sein erster Gedichtband *Das Buch der Lieder* – ein Bestseller, der unter den zeitgenössischen Komponisten eine wahre Flut von Vertonungen nach sich zog. Die schönsten stammen von Robert Schumann, der von 1850 bis zu seiner Einweisung in die Bonner Nerven- und Heilanstalt Generalmusikdirektor in Düsseldorf war. Seine berühmtesten Lieder hat Schumann auf Gedichte von Heine geschrieben, darunter der Zyklus *Dichterliebe*, der zum Inbegriff des romantischen Liedes avancierte. Begegnet sind sich die beiden zum ersten Mal 1828 in München. Schumann war damals mit gerade 17 Jahren als Belohnung für das bestandene Abitur nach München gereist, im Gepäck ein Empfehlungsschreiben an Heine, der als Redakteur bei Cottas *Neuen Politischen Annalen* arbeitete und auch über Musik schrieb, jedoch eher aus politisch-gesellschaftlichem Blickwinkel. Fern des Anspruchs, ein professioneller Musikkritiker zu sein, interessierte ihn in seinen Reflexionen vor allem die Aktualität der Musik, das heißt die in ihr enthaltenen Ideen der Zeit.

Und so sprachen Schumann und Heine über Kunst ebenso wie über Politik, waren einig in ihrem positiven Urteil über Napoleon und schätzten einander, bis zum großen Bruch 1836. Schumann, der 1834 die *Neue Zeitschrift für Musik* gegründet und als Kritiker und Musikwissenschaftler neue Maßstäbe gesetzt hatte, verriss ein Werk, das Heine zuvor bejubelt und den Komponisten als größten seiner Zunft gefeiert hatte. Das konnte dem Komponisten Schumann nicht gefallen; er revanchierte sich und brachte in Umlauf, Heine habe keine Ahnung von Musik.

Als sich dies alles ereignete, war Heine längst den einengenden deutschen Verhältnissen entflohen und hatte in Paris, wo er seit Mai 1831 lebte, wie viele Intellektuelle der Zeit die Stadt der Städte gefunden. Paris, Düsseldorf, Berlin und Hamburg waren die wichtigsten Städte für Heine. Aus dem französischen Exil besuchte er Deutschland nur noch zweimal, aus familiären Gründen mit dem Reiseziel Hamburg. Als er in seiner wichtigsten politischen Versdichtung *Deutschland. Ein Wintermärchen* – Ergebnis der letzten Deutschlandreise 1844 – die von der Restauration geprägten heimatlichen Zustände satirisch analysiert, bleibt Düsseldorf als Schauplatz seiner glücklichen Kindheit außen vor.

Malkasten
Jacobistraße 6 a • Tel. (02 11) 35 14 70
www.malkasten.com

Malkasten-Park / Jacobigarten
Besucher können den denkmalgeschützten Park außer montags und dienstags täglich von 10–20 Uhr gegen zwei Euro Eintritt besichtigen.

Goethe-Museum Schloss Jägerhof
Jacobistraße 2 • Tel. (02 11) 8 99 62 62
www.goethe-museum.com

Freiligrath
Neusser Straße 133 • Tel. (02 11) 3 03 39 53
www.freiligrath.de

Zeittafel Heinrich Heines Leben

1797
Am 13. Dezember in Düsseldorf geboren

1803–1805
Besuch von Volksschule und Lyzeum in Düsseldorf

1815–1819
Kaufmannslehre in Frankfurt und Hamburg

1819–1825
Jurastudium in Bonn, Berlin und Göttingen; protestantische Taufe; Promotion zum Dr. jur.

1826
Der erste Band der *Reisebilder* wird veröffentlicht

1827
Das *Buch der Lieder* erscheint, außerdem *Reisebilder II* mit *Ideen. Das Buch Le Grand*

1828
Redakteur bei den *Neuen allgemeinen politischen Annalen* in München; Reise durch Nord-italien

1830
Reise nach Helgoland

1831
Im Mai Übersiedlung nach Paris

1833
Die *Französischen Zustände* erscheinen

1835
Verbot des *Jungen Deutschland* und damit auch der Schriften Heines in Deutschland

1841
Heirat mit der Schuhverkäuferin Augustine Crescence Mirat, *Mathilde* genannt

1843
Erste Reise nach Hamburg; in Paris Bekanntschaft mit Karl Marx, Mitarbeit am *Vorwärts*

1844
Zweite Reise nach Hamburg; *Neue Gedichte* und *Deutschland. Ein Wintermärchen* erscheinen

1847
Atta Troll. Ein Sommernachtstraum kommt heraus

1848
Seit Mai durch schwere Krankheit ans Bett gefesselt, von Heine *Matratzengruft* genannt

1852
Veröffentlichung der Gedichtsammlung *Romanzero*

1854
Die *Geständnisse* erscheinen

1856
Am 17. Februar stirbt Heine in Paris, am 20. Februar wird er auf dem Montmartre-Friedhof beigesetzt

Quellenangaben/Bildnachweis

Gertrude Cepl-Kaufmann, Das Rheinland als literarischer Erfahrungs-
raum. In: Wilhelm Gössmann/Klaus-Hinrich Roth (Hrsg.): Literarisches
Schreiben aus regionaler Erfahrung. Schöningh, 1996.

Wilhelm Gössmann, Die Wallfahrt nach Kevelaer. Butzon & Bercker,
2006.

Gerhard Höhn, Heine-Handbuch. 3. Auflage, J. B. Metzler, 2004.

Bernd Kortländer, Heinrich Heine. Reclam, 2003.

Bernd Kortländer, Heine und Freiligrath. In: Heine-Jahrbuch 1989. Hoffmann und Campe.

Joseph A. Kruse, Heine und Düsseldorf. Droste Verlag, 1998.

Solvejg Müller, Literarische Wege durch Düsseldorf. Sutton Verlag, 2006.

Gerhart Söhn, Heinrich Heine in seiner Vaterstadt Düsseldorf.
Triltsch Verlag, 1966.

Die Zitate Heines wurden entnommen aus:

Heinrich Heine, Sämtliche Schriften. Herausgegeben von
Klaus Briegleb, Hanser Verlag, 1968 ff.

Heinrich Heine, Werke und Briefe in zehn Bänden. Herausgegeben von
Hans Kaufmann, 2. Auflage, Aufbau-Verlag, 1972.

Bildnachweis:

Titelbild: Heinrich Heine von Gottlieb Gassen, April 1828 Heinrich-
Heine-Institut

Rolf Böning: 1, 2, 8, 12, 15, 21, 22, 34, 36, 46, 55, 58, 64, 67, 70,
72, 76, 82, 85, 89, 90, 92, 93, 95, 99, 101, 102, 107, 108, 111,
112, 115, 116, 118, 120+121

Stadtarchiv Landeshauptstadt Düsseldorf: 7, 16, 18, 27, 32+33, 43,
45, 50

Heinrich-Heine-Institut: Cover, 11, 28, 80, 96, 97, 122

Andreas Krebs: Porträt C. Hupfer

Stadterlebnis Düsseldorf: